Monika Pelz

»Nicht mich will ich retten!«

Monika Pelz

»Nicht mich will ich retten!«

Die Lebensgeschichte des Janusz Korczak

BELTZ
& Gelberg

Monika Pelz, geboren 1944 in Wien, studierte Philosophie, Wirtschafts- und Sozialgeschichte; anschließend Promotion zum Dr. phil. Daneben arbeitete sie als Lokalreporterin und Fernsehjournalistin. 1979 erhielt sie den Oldenburger Jugendbuchpreis.
Im Programm Beltz & Gelberg erschienen von ihr außerdem der phantastische Roman *Diebe der Zeit* und die Zukunftsgeschichte *Alarm*.

Auswahlliste Deutscher Jugendliteraturpreis

5., erweiterte und im Einband veränderte,
Auflage, 19.–21. Tsd., 1994

Einband- und Reihengestaltung von Wolfgang Rudelius
Titelbild von Willi Glasauer
Gesamtherstellung
Druckhaus Beltz, 69494 Hemsbach
Printed in Germany
ISBN 3 407 80731 7

Zieh, junger Mann

Aus dem dunklen Himmel über der Stadt fallen unaufhörlich die Flocken. Weiße Polster bedecken das graue Pflaster, dämpfen den Lärm der Straße. Als sei die Stadt an diesem eisigen Wintermorgen noch nicht ganz erwacht.

Warschau 1890. Im Schein der Gaslaternen scharren die Hausmeister den Gehsteig frei. Vermummte Dienstmägde hasten durch das Gestöber, Kopf und Schultern mit dicken Wolltüchern bedeckt.

Die Räder der Fuhrwerke schneiden Furchen in den Schnee. Bald sind diese Spuren wieder von einem Gespinst glitzernder Flocken verwischt.

Ein Junge blickt glücklich in den Schneeschleier, hinter dem die hohen dunklen Häuserfronten sich nur schemenhaft abzeichnen. »Der erste Schnee! Der erste richtige Schnee in diesem Jahr!« Das wird eine Schneeballschlacht vor der Schule geben! Wenn er nur rechtzeitig dort ist! Und wenn Olzewski auch dort ist! Aber spätestens in der ersten Pause...

Es ist ungerecht, daß man auch beim ersten Schnee in der Klasse sitzen muß! denkt der Junge. Wenn ich König wäre, würde ich befehlen, daß am ersten richtigen Wintertag nicht tausend Schulglocken läuten, sondern daß aus einer Festung zwölf Kanonenschüsse ertönen – zum Zeichen, daß der Unterricht entfällt...

Er merkt auf einmal, daß die Trambahn nicht weiterfährt. Der Kutscher vor ihm flucht und schlägt auf die Pferde ein. Die Tiere ziehen, aber vergeblich, der Wagen rührt sich nicht. Schnee schmilzt auf der dampfenden Haut der Pferde. Erschrocken sieht der Junge, daß die Peitsche des Kutschers blutige Striemen hinterläßt.

Er ruft etwas und ist über seine hohe, dünne Stimme erschrocken. Der Kutscher blickt sich um, sieht einen Schuljungen mit Mantel und Pelzkragen. »Sie – Sie schlagen sie so arg!« stammelt der Junge.

Der Kutscher spuckt in den Schnee. »Steig aus und zieh, junger Mann! Wenn du so barmherzig bist! Runter vom Wagen!« Er flucht weiter.

Der Junge ist schon von der Trambahn gesprungen und läuft zu Fuß in die Schule.

Fünfzig Jahre später erinnert er sich an diesen Wintermorgen. »Mir war das eine Lehre fürs Leben«, schreibt er. »Rede nicht, wenn du nicht mithilfst. Kritisiere nicht, wenn du es nicht besser kannst. Zieh du auch.«
In seinen Büchern und Schriften nennt er sich »Janusz Korczak«, von Freunden wird er liebevoll »der alte Doktor« genannt. Geboren wurde er am 22. Juli 1878 als Sohn des jüdischen Rechtsanwalts Josef Goldszmit und dessen Frau Cäcylia, geborene Gebicka. Er erhielt den Namen Hersz, wurde aber mit dem christlichen Namen Henryk gerufen.

Warschau ist die Hauptstadt des »Königreichs Polen« oder »Russisch-Polen«, wie es auch genannt wird. Eine weitere Bezeichnung ist »Kongreßpolen«, denn die polnische Nation war 1815, auf dem Wiener Kongreß, an drei Länder aufgeteilt worden: Der Westen ging an Preußen, der Südosten an die Habsburgermonarchie; Zentralpolen, der Osten und der Nordosten fielen an das russische Zarenreich. Das Königreich Polen wird als der »Industriebezirk Rußlands« bezeichnet; vor allem in Warschau und Lodz wachsen die Fabriken nur so aus dem Boden. Sie produzieren in erster Linie Textilstoffe, die nach Rußland und Asien exportiert werden.
In diese Industriezentren kommen täglich mehr Zuwanderer: Bauern, Handwerker, Landarbeiter, die sich auf dem Land nicht mehr ernähren können oder hoffen, hier ihr Glück zu machen. Auch junge Juden verlassen das »Stetl«, die kleine jüdische Landgemeinde, und ziehen in die Metropole. Viele von ihnen assimilieren sich, passen sich den Sitten und der Kleidung des polnischen Bürgertums an. Mit dem Kaftan und den Schläfenlocken* legen sie auch Religion und Brauchtum ab. Sie befolgen den Sabbat* nicht mehr. Sie lernen die polnische Sprache und vergessen das Jiddische*. Die Kinder schikken sie in die staatliche Schule und nicht in den Cheder*. Statt ihr Leben dem Talmud*-Studium zu widmen wie ihre Vorfahren, betreiben sie Handel oder ein Gewerbe. Wenn sie reich werden, besucht der Sohn oder ein Enkel die Universität. »Assimilierung« bedeutet sozialen Aufstieg.[1)]
Der Urgroßvater des Henryk Goldszmit war Glasbläser, sein Groß-

* Siehe Anmerkung 1), S. 108

vater wurde Arzt, der Vater ist ein vielgefragter Rechtsanwalt. Die Goldszmits sind keine orthodoxen Juden mehr, sie sind aber auch nicht zum Katholizismus übergetreten wie viele andere. Es ist eine liberale bürgerliche Familie, mit Sinn für Kultur, Bildung und Wohltätigkeit.

Das Symbol des Bürgertums dieser Zeit ist der »Salon«, eine Reihe überladener, prunkvoller Räume, in denen man die Gäste empfängt. Hier zeigt man seine Wohlhabenheit, aber auch seinen »Geschmack«: solides Mobiliar aus schimmernd polierter Eiche, silberne Tafelaufsätze, Nippfiguren, große chinesische Vasen auf eigenen Podesten. An den Wänden Ölbilder und Spiegel, die den Raum größer erscheinen lassen. Samtene Portieren an Türen und Fenstern, vergoldete Uhren, die die Stunden schlagen.
Der kleine Henryk ist nicht glücklich in diesen Räumen, in denen er sich nur mit allergrößter Vorsicht bewegen darf. Auf den Sofas darf er nicht hüpfen, an die Vasen darf er nicht stoßen, an den Troddeln der Vorhänge nicht ziehen. Lieber würde er sich in der Küche aufhalten, wo Köchin und Dienstmädchen schwatzen. Aber in der Küche zu sitzen und das »Personal« zu belauschen, gehört sich nicht.
Henryk würde gern in den Hof hinunterlaufen und mit den Kindern dort Ball spielen, aber der Hof ist ihm erst recht verboten. Dort halten sich nur schmutzige Bengel von der Straße auf, wird ihm erklärt. Immer wieder weisen die Mutter und das Kindermädchen darauf hin, welche Gefahren ihm außerhalb des Kinderzimmers drohen. Aber alles, was er über die gefährliche Welt »draußen« hört, macht sie nur noch interessanter. Henryk beneidet die Erwachsenen, die gehen können, wohin sie wollen, und alles sehen und erfahren. Sie erscheinen ihm frei und mächtig.
Und die mächtigste Person von allen ist unzweifelhaft sein Vater. Der Vater sitzt in der Kanzlei an einem großen Schreibtisch. Hier empfängt er Besucher und Bittsteller. Hinter dem Schreibtisch, in der Wand, befindet sich der Tresor. Der Tresor, weiß Henryk, ist eine Schatzkammer. Wenn jemand im Haus Geld braucht: die Mutter oder der Verwalter – so gehen sie zum Vater, und dieser teilt ihnen von seinem Schatz etwas zu.
Noch mächtiger erscheint dem kleinen Henryk der Vater, wenn er

abends durch alle Räume geht und die Uhren aufzieht. Es kommt ihm dann vor, als sei sein Vater auch Herrscher über die Zeit. Zöge er die Uhren nicht auf, so würde die Zeit stillstehen.

Wie alle Bürgersöhne ist Henryk dazu bestimmt, einmal noch tüchtiger und wohlhabender zu werden als der Vater. Er soll es »zu etwas bringen« und womöglich einmal einen noch größeren und schöneren Salon führen.

Es kommt allerdings auch vor, daß so ein Bürgersohn »verstiegene Ideen« entwickelt, exzentrisch wird, nervös, versponnen. Mit Sorge beobachtet die Mutter, daß Henryk anders ist als die Jungen in seinem Alter. Am liebsten beschäftigt er sich allein mit seinem Baukasten oder träumt vor sich hin. Wenn er mit anderen Kindern spielt, so sind es meist die Kleineren, nicht die Gleichaltrigen. Ist er vielleicht ein wenig zurückgeblieben?

Es ist offensichtlich, daß Henryk sich zu einem überempfindlichen, grüblerischen Kind entwickelt. Leicht erregbar, viel zu phantasievoll. Josef Goldszmit merkt nicht, was er anrichtet, wenn er seinen Sohn mit ins Theater nimmt. Es ist nur eine Kindervorführung, ein Krippenspiel; aber für Henryk spielt sich dort auf der Bühne ein Schauerdrama ab, ein Mysterium. Der furchtbare und grausame König Herodes tritt auf, und am Ende des Stücks erscheint sogar ein Satan mit Hörnern und Dreizack. Für Henryk sieht dieser Teufel aus, als ob er echt wäre. Ist es vielleicht wirklich der Teufel? Dem Kind wird in dem überfüllten Saal heiß und kalt. Also gibt es die Hölle doch! denkt es.

Auf dem Heimweg durch die Winternacht kauft der Vater eisgekühlte Limonade, weil Henryk klagt, daß ihm so heiß sei. Tagelang liegt er nach diesem Abenteuer in hohem Fieber, und die Mutter ist zornig über den Vater, weil er so leichtsinnig war: »Er kauft dem Kind im Winter Eislimonade!«

Schuldbewußt zwinkert Josef Goldszmit seinem Sohn zu. Henryk zwinkert zurück. Er liebt seinen Vater. Der Vater und er sind Verbündete, fühlt er. Heimliche Abenteurer, Verschworene in einer Welt, in der die Mutter und die Großmutter, die Köchin und das Kindermädchen nur immer alles verbieten.

»Wenn du in den Hof läufst und mit den Lümmeln von der Straße

spielst, dann wirst du krank werden!« – »Paß auf, du wirst dich anstecken – Läuse kriegen – ein Loch im Kopf...«
Der Hof wird für Henryk zu einer magischen Zone zwischen der Geborgenheit des Elternhauses und der Welt »draußen«. Es zieht ihn unwiderstehlich dorthin. Und er stellt fest: Die Erwachsenen haben nicht recht. Wohl gibt es Schmutz dort – auch Läuse. Es gibt Gemeinheit, Grobheit und Unverschämtheit. Aber Henryk steckt sich mit keiner Seuche an, er schlägt sich kein Loch in den Kopf. Und alles, was ihm begegnet, ist unerhört interessant.
Einmal sind Puppenspieler in den Hof gekommen, um eine Vorstellung zu geben. Zu Henryks Freude hat der Vater ihm neue silberne Zehngroschenstücke geschenkt. Henryk fügt noch seine eigenen Ersparnisse hinzu. Als die Vorführung der Puppenspieler vorbei ist, geht ein alter Mann mit einem langen weißen Bart durch die Zuschauer und sammelt ein. Glücklich leert Henryk seine vielen Münzen in den aufgehaltenen Beutel. Aber der Alte krächzt nur: »Wenig, wenig. Gib uns noch mehr.« Kopfschüttelnd steht er vor dem Kind und wartet.

Nie wird Henryk, nie wird der spätere Schriftsteller Janusz Korczak diese Episode vergessen. Der unersättliche Alte mit dem Bart steht für alle unheilbaren Leiden, alle unstillbaren Bedürfnisse der Welt. Und Henryk würde am liebsten ein Füllhorn über sie ausschütten.
Für die Mutter steht fest: Dieser Junge hat keinen Ehrgeiz. Aber heimlich träumt Henryk von großen Dingen: Er will Zauberer werden, König, Schauspieler, Dichter, Feldherr, Entdecker, Rechtsanwalt... Der Großmutter vertraut er eines Tages seinen Plan an, die Welt zu verändern. Und zwar wird er die Armut abschaffen. Er wird Krankheit und Hunger abschaffen. Dann wird es keine schmutzigen, verwahrlosten Kinder mehr geben, mit denen man nicht spielen darf. Für den kleinen Henryk Goldszmit ist die Lösung einfach: Wenn das Geld den Unterschied ausmacht, der ihn von der Welt der anderen trennt, so wird er eben das Geld abschaffen. Dann wird es nichts Trennendes mehr geben.

Ein neuer Schmerz begegnet ihm, für den es kein Heilmittel gibt: der Tod.

Eines Morgens liegt der Kanarienvogel starr auf dem Boden des Käfigs, die Beinchen ausgestreckt. Als Henryk ihn herausnimmt, fällt der Kopf zur Seite. Das Kind nimmt den Schnabel zwischen die Lippen, haucht, aber der Vogel ist tot.
Henryk beschließt, ihn im Hof unter dem Kastanienbaum zu begraben. Er legt eine metallene Bonbondose mit Watte aus und trägt ihn hinunter. Die Köchin beobachtet ihn, wie er ein Kreuz anfertigt und es auf das Grab steckt. »Das ist nur ein Vogel«, erklärt sie ihm. »Da richtet man kein Kreuz auf! Ein Tier ist etwas Niedrigeres als ein Mensch. Und wenn man um ein Tier weint, ist das Sünde.«
Petek, der Sohn des Hausverwalters, fügt noch eine weitere, rätselhafte Anschuldigung hinzu: »Er ist ein jüdischer Vogel gewesen, und du bist auch Jude.«
Henryk blickt den älteren Jungen ratlos an. Er versteht den Vorwurf nicht.
»Du bist Jude«, erklärt Petek. »Ich bin Pole und Katholik. Ich komme einmal ins Paradies, du kommst in die Hölle.«
Als er Henryks entsetzte Miene sieht, erklärt Petek, es gebe eine Möglichkeit, der Hölle zu entrinnen: »Du darfst niemals fluchen.« Außerdem wäre es gut, wenn Henryk ihm ab und zu Bonbons bringen würde.
»Komme ich dann ins Paradies?«
»Nein, ins Paradies nicht. Ins Paradies kommt ein Jude nie und nimmer. Aber du kommst wenigstens nicht in die Hölle.«
»Wohin denn?«
»Irgendwohin – wo es ganz dunkel ist.«
Henryk hat Angst in einem dunklen Zimmer.

Der Schriftsteller Janusz Korczak wird zu jenen seltenen Erwachsenen gehören, die in ihre Kindheit zurückkehren können. Die die Welt ihrer Kindheit betreten, wie man ein altes Haus betritt. Seine Erinnerungen sind klar, nicht verklärt. Er vergißt nicht die kindliche Lust am Herumtollen, aber auch nicht die große Unlust, sich die Ohren zu waschen. Weder die herrliche Aufregung eines Feueralarms noch die quälende Langeweile eines Sonntagnachmittags mit Besuchern. Er erinnert sich an die Hilflosigkeit des Kindes und an seine grandiosen Zukunftsträume, an den bitteren Schmerz über jede Ungerechtigkeit und an den aufrichtigen Vorsatz, die Menschen zu lieben.

»Jeder tut einem leid: die Mutter, weil ihr die Motten das Kleid zerfressen haben, der Vater, weil er arbeitet, und die Oma, weil sie alt ist und bald sterben muß. Der Hund, weil ihm kalt ist, und die Blume, weil sie ihre kleinen Blätter hängen läßt und sicher krank ist. Man möchte jedem helfen, und selbst möchte man sich bessern.«

In seinem Roman *Wenn ich wieder klein bin* erzählt Janusz Korczak von einem Lehrer, der sich wünscht, wieder ein Schuljunge zu sein. Er stellt sich vor, daß das Leben in der Kindheit schön und sorglos war. Vor dem Einschlafen erscheint ein Sandmännchen und erfüllt ihm seine Bitte. Am nächsten Morgen ist der Dreißigjährige zum zwölfjährigen Jungen geworden. Er kann sich jetzt zwar wieder freuen wie ein Kind, aber von nun an leidet er auch wieder, wie nur ein Kind leiden kann. Ein Streit mit dem Freund – eine Verliebtheit, für die er sich schämt – das Abenteuer, das so froh begonnen hat, endet mit Traurigkeit und Verzweiflung.

In seiner Erzählung *Eine Unglückswoche* beschreibt Korczak den Alltag des Gymnasiasten Stasio. Sieben Tage, die sich bleiern dahinschleppen: schlechte Zensuren in der Schule, Bestrafung, gute Vorsätze, erneutes Versagen. Schule, Eltern, Hauslehrer – alles scheint verschworen, das Kind zu vernichten.

»Zu meiner Zeit waren die Schulen überhaupt nicht gut«, berichtet Korczak. »Streng ging es dort zu und langweilig war's. Alles war einem untersagt. Man fühlte sich so fremd, und es war so kalt und so schwül, daß ich später, wenn ich von der Schule träumte, immer naßgeschwitzt aufwachte, und immer glücklich, daß es nur ein Traum und keine Wirklichkeit war.«

Es ist nicht verwunderlich, daß der kleine Henryk sich »fremd« in der Schule fühlte: Durften die Kinder dort doch nicht einmal ihre eigene Sprache sprechen.

Seit Polen seine Unabhängigkeit verloren hat, wird seine Sprache und seine Kultur unterdrückt. Für Kongreßpolen bedeutet das: »Russifizierung«. Die Polen selbst nennen es: »Versklavung«. Die Unterrichtssprache an den staatlichen Schulen ist Russisch – nicht die Sprache der Eltern, der Freunde, der großen nationalen Dichter.

Die Methode der Lehrer besteht größtenteils in »Ansagen« und »Abfragen«. Es besteht unbedingte Gehorsamspflicht gegenüber den Lehrern, die mit Drill und Strafen herrschen. Sie geben Strafarbeiten, lassen die Schüler in der Bank stehen oder »in der Ecke«, sie verhängen Karzer. Für besondere Ungehorsamkeit oder Frechheit wird man geschlagen: mit dem Lineal, dem Stock, dem Pfeifenrohr. Einmal erlebt Henryk, daß einem Schulkollegen die Hosen heruntergezogen werden, ehe der Schönschreiblehrer ihn mit dem Stock verprügelt. Henryk ist wie gelähmt vor Angst, weil er glaubt, daß auch er geschlagen werden wird. Zugleich schämt er sich. Für den ungehorsamen Schüler, für den prügelnden Lehrer, für sich selbst – für alle, die hilflos zusehen müssen.
Henryk ist kein schlechter Schüler. Alles in allem ist er ein pflichtbewußter und dankbarer Sohn. Jeden Abend betet er zu Gott, den er sich wie einen gütigen Vater im Himmel oben vorstellt. Aber obwohl Henryk sich bemüht und obwohl er nie vergißt zu beten, bricht das Unglück über ihn und seine Familie herein.
Schon seit längerer Zeit spürt Henryk, daß ein Unheil droht. Nicht in der gefährlichen Welt »draußen«, sondern mitten in der Familie, im vertrauten Heim.
Etwas geht vor sich, das man ihm verheimlicht.
Eines Morgens erwacht er mit dem Gefühl einer unbestimmten Angst. Und dann merkt er, daß die Uhren stillstehen.
»Der Vater ist im Krankenhaus«, heißt es. »Nein, du darfst ihn nicht besuchen!« Viele Fragen. Ausweichende Antworten.
Endlich kommt der Vater aus dem Krankenhaus heim. Aber der gewohnte Gleichtakt setzt nicht ein. Und wieder muß er in die Klinik. Die Mutter geht mit verweinten Augen herum, liegt im verdunkelten Salon auf dem Sofa. Köchin und Dienstmädchen verstummen, wenn Henryk die Küche betritt. Allmählich erfährt er es doch: Der Vater befindet sich in der Nervenheilanstalt in Tworki. Henryk glaubt zu verstehen: Der geliebte Vater, der immer verrückte Einfälle hat – einmal heftig aufbraust, dann zärtlich ist und großzügig –, dieser Vater ist »überdreht« wie eine mechanische Feder. Er braucht eine Ruhepause. Er hat zuviel gearbeitet, zuviel gedacht.
In dem Geflüster um ihn herum fällt das Wort »wahnsinnig«.
»Der gnädige Herr ist verrückt geworden.«

Henryk weiß, daß Verrückte hinter Gitter gesperrt werden. Manche sind sogar angekettet.

Der Vater ist wieder für einige Zeit zu Hause. Er scheint wie immer. Aber Henryk darf nicht viel mit ihm sprechen, er muß ihn »in Ruhe lassen«. Und wieder verschwindet der Vater in der Anstalt. Die Uhren werden längst von jemand anderem aufgezogen. Die Mutter ist blaß, ihre Lippen sind schmal geworden.

Henryk kann die Vorstellung nicht ertragen, daß sein Vater in der Irrenanstalt eingesperrt ist. Es erscheint ihm wie eine Erlösung, als er hört, daß der Vater gestorben ist.

Es stellt sich heraus, daß der kranke Josef Goldszmit die Familie finanziell ruiniert hat. Seit langer Zeit hat er durch leichtsinnige, unsinnige Transaktionen das Vermögen verschleudert. Die Goldszmits müssen die schöne Wohnung aufgeben. Henryk scheidet ohne Bedauern. Das Zuhause ist längst zu einem Ort der Angst und des Kummers geworden. Mit Mutter und Schwester zieht er in eine kleinere Wohnung. Dienstpersonal können sie sich nicht mehr leisten. Von nun an wird Henryk jeden Tag Nachhilfestunden geben, um zu ihrem Unterhalt beizutragen. Er ist zwölf Jahre alt. Acht Jahre lang wird er auf diese Weise sein Brot verdienen.

Der Scheinwelt des »Salons« mit ihren Verdunklungen und Verschleierungen, dem Gewisper und Verstummen ist er entronnen. Das liegt für immer hinter mir, denkt Henryk. Aber seine Kindheit, die Erschütterung seiner frühen Jugend werden ihn weiter begleiten. Manchmal, wenn es sehr still ist, glaubt er, das Schlagen der Uhren zu hören. Panische Angst befällt ihn. »Werde ich am Ende auch verrückt? Habe ich die Krankheit des Vaters geerbt?«

Er ist im Alter der ersten Verliebtheiten. Henryk verliebt sich oft und heftig: da ist das Mädchen in Trauerkleidung, dem er auf dem Schulweg begegnet, da ist eine kleine Cousine... Noch als alter Mann wird er alle ihre Namen wissen: »Zosia Kalhorn – Anielka – Irenka aus Naleczów – Stefcia, für die ich die Blumen im Sächsischen Garten pflückte...«

Henryk träumt von einem kleinen Haus, in dem er mit seiner jungen Frau einmal wohnen wird. Auch seine Mutter wird bei ihnen leben. Aber mitten in seine Träume fällt der düstere Gedanke: »Ich darf ja nicht heiraten! Ich darf niemals eine Familie gründen. Ich würde sie womöglich ins Unglück stürzen, so wie mein Vater es tat!« Henryk faßt den Beschluß, allein zu bleiben und zu einem Wohltäter der Menschheit zu werden.

Der junge Henryk Goldszmit weiß längst, daß die meisten Menschen in dieser Stadt unter elenden Bedingungen leben müssen. Sie schuften und rackern sich ab, aber es nützt ihnen nichts. Der Himmel Warschaus ist trüb, die Häuser grau. Tag und Nacht steigt schmutziger Rauch aus den Schloten der Fabriken. Riesige Backsteingebäude mit Gittern vor den Fenstern saugen das Heer der Fabrikarbeiter am frühen Morgen ein und speien es nach zwölf Stunden wieder aus - mit immer krummeren Rücken und immer krankeren Lungen. Die Arbeiter haben Entzündungen und Geschwüre an den Händen von den giftigen Textilfarben; sie leiden an chronischem Katarrh und Rheumatismus von der Arbeit in feuchten, ungeheizten Räumen.

Abends kehren die Männer nur ungern heim in ihre Kellerlöcher oder Dachkammern, wo zehn und mehr Leute auf engstem Raum hausen. Besser, man schlägt sich in die nächste Kneipe, läßt sich mit billigem Alkohol vollaufen und vergißt die Sorgen.

Immer mehr Menschen strömen nach Warschau, angelockt von Gerüchten und Verheißungen: In der Zlota-Straße wird gebaut, da werden Maurer angestellt – in der Praga[2] soll eine neue Fabrik eröffnet werden…

Die wachsende Metropole braucht Arbeiter, aber es kommen allzu viele. Die Fabrikanten zahlen niedrige Löhne und finden immer noch genug Bewerber. Und wenn die Löhne für die Männer zu schlecht sind, dann arbeiten Frauen an diesen Plätzen. Noch erbärmlichere Löhne als die Fabrikarbeiter bekommen die »Zuarbeiter« und Heimarbeiter. Sie erhalten einen so geringen Stücklohn, daß sie bis zu sechzehn Stunden arbeiten, ohne ausreichend zu verdienen. Statt zu essen, trinken sie Zichorienkaffee.

Taumelig vor Müdigkeit und Hunger nähen die Frauen Hemden und Krawatten. Sie fädeln winzige Glasperlen auf für die Taschen eleganter Damen, sie besticken Schals und Blusen. Mädchen werden von der Schule zu Hause behalten; selbst kleinere Kinder werden, so gut es geht, »eingespannt«.

Und immer noch ist es zu wenig. Das Einkommen reicht nicht zum Sattwerden und nicht für eine menschenwürdige Unterkunft.

Mit seinem Schulfreund Stach bespricht Henryk große soziale Reformen, die sie einmal in die Wege leiten wollen, wenn sie erwachsen sind: Statt eine Armee zu erhalten, wird der Staat Werkstätten einrichten, in denen nützliche Dinge hergestellt werden und viele Menschen Arbeit finden. Statt den Armen billigen Fusel zu bieten, wird man ihnen Geld geben: Grundstock für eine menschenwürdige Existenz und Fortentwicklung. Begabte junge Menschen – gleich welcher Gesellschaftsschicht sie angehören – sollen gefördert werden. Kranke Menschen aber, die ihre Leiden weitervererben könnten, dürfen gar nicht erst heiraten und Kinder zeugen.

Dank dieser umfassenden Maßnahmen wird das Elend allmählich aussterben...

In seinen *Erinnerungen* sagt Korczak über diese Jugendjahre: »Die interessante Welt war nicht mehr außerhalb meiner selbst. Jetzt war sie in mir. Ich bin nicht dazu da, um geliebt und bewundert zu werden, sondern um selbst zu wirken und zu lieben. Meine Umgebung ist nicht verpflichtet, mir zu helfen, sondern ich habe die Pflicht, mich um die Welt, um die Menschen zu kümmern.«

Aber Henryk kennt auch Mutlosigkeit und Depressionen. Der Lesesüchtige, der in den Nächten Bücher verschlingt, statt zu schlafen, verfaßt eine Reihe düsterer und todessehnsüchtiger Gedichte und schreibt eine Erzählung *Der Selbstmörder*.

Henryk hat beschlossen, Arzt zu werden wie sein Großvater. Als er sein Studium antritt, ist das akademische Leben in Warschau geprägt von politischer Unterdrückung und Studentenunruhen. 1898 werden nach Kundgebungen auf dem Universitätsgelände zahlreiche Studenten verhaftet.

Jene Professoren, die mit den revoltierenden Studenten sympathisieren, verlieren ihre Lehrstühle. Die Opportunisten bleiben. Das hat zur Folge, daß sich der wertvollere Lehrbetrieb allmählich aus den Universitäten hinaus verlagert. Die berühmte »Fliegende Universität« entsteht: Namhafte Wissenschaftler halten ihre Vorlesungen in Privatwohnungen: der Soziologe Ludwik Krzywicki, der Geograph Waclaw Nalkowski, der Pädagoge Jan Wladyslaw Dawid und viele andere. Diese Veranstaltungen sind illegal, die Teilnehmer müssen immer mit Razzien und Verhaftungen rechnen.

In illegalen Volksschulen wird in polnischer Sprache unterrichtet. Auch Henryk reiht sich in diese »schönste Armee, die Polen je besessen hat«, ein. Er arbeitet auch in den kostenlosen Volksbüchereien. Henryks Freunde und Kollegen sind die Dichter Liciński, Stanislaw Brzozowski und Boléslaw Prus, die der literarischen Schule des »Jungen Polen« zugezählt werden. Ebenso arbeitet mit ihnen Zofja Nalkowska, Tochter von Waclaw Nalkowski, die später als Autorin sozialkritischer Erzählungen berühmt wird.
Auch Henryk schreibt Essays und Artikel, die in der humoristischen Wochenschrift *Kolce* (»Stacheln«) veröffentlicht werden. Für ein Preisausschreiben verfaßt er das Drama *Wohin?* Zum ersten Mal verwendet er das Pseudonym »Janusz Korczak«.
Er wird mit dem ersten Preis ausgezeichnet.
Dem angehenden Arzt und Schriftsteller Janusz Korczak geht es vor allem um die »Erniedrigten und Beleidigten« der Gesellschaft. Immer wieder durchstreift er die winkeligen Gassen des Weichselviertels, wo der Kot der Straße sich in die Häuser hinein fortsetzt. Selbst die »schtchunka« – der dunkle Flur, mit Gerümpel vollgestellt – dient hier einer Familie als Wohnung, auch in den Kellerabteilen hausen Menschen, auch unter dem Dach, wo der Wind durch die Ritzen fährt und wo es im Winter den Schnee hineinbläst. Hier tragen die Leute hundertmal geflickte Lumpen und Schuhe, aus denen die Zehen hervorgucken. Die Kinder haben Rachitis und krumme Beine. Armut mischt sich mit Verbrechen. Die Heranwachsenden lernen Vorsicht, Mißtrauen, Verschlagenheit. Und für die Prügel, die sie von den Großen beziehen, rächen sie sich an den Kleineren und Schwächeren.
Für einen jungen Idealisten muß die Hoffnungslosigkeit des Lebens im Weichselviertel entmutigend erscheinen. Nie werden diese jammervollen Menschen eine Arbeit finden, die ihnen genug einbringt, um sich und ihre Kinder aus diesem Morast von Elend und Kriminalität befreien zu können. Sie leben »zwischen Zuchthaus und Krankenhaus«. Der Staat kümmert sich nicht um sie. Einmal am Tag wird eine »Armensuppe« ausgeteilt: Erbsen oder Kohlrüben für drei Kopeken, oder kostenlos, wenn man einen Napf mitbringt.
Es gibt Suppe, damit die Leute nicht gänzlich verhungern, und Polizeistreifen, damit sie sich nicht gegenseitig erstechen, wenn sie

betrunken sind. Begleitet von Kosaken patrouilliert die Polizei und durchsucht verdächtige Gestalten. Trägt einer ein Messer bei sich, dessen Klinge länger als eine Handbreit ist, so wird er gleich an Ort und Stelle von den Kosaken mit der Knute verprügelt. In der Nacht allerdings wagt nicht einmal die Polizei sich in die Altstadt.
Der Student Henryk Goldszmit alias Janusz Korczak aber bewegt sich hier Tag und Nacht inmitten von Messerstechern, Dieben, Zuhältern.
Henryk hat ein Zimmer in der Wohnung eines Droschkenkutschers gemietet. Dessen Kindern gibt er Unterricht in polnischer Grammatik. Die Kinder sind es eigentlich, die Korczak in das Elendsviertel ziehen. Nach den Kindern sieht er, wenn er durch die schmutzigen Straßen geht.
Da steht ein Junge wankend und blind vor Tränen in einer Mauernische. »Was fehlt dir? Hat der Vater dich geschlagen? Haben sie dich hinausgeworfen?«
Nein. Er hat zwei Kopeken erhalten, um Brot einzukaufen, und die hat er verloren. Eine halbe Stunde ist er die Straße auf und ab gegangen und hat die Münzen gesucht. Nun wagt er sich nicht nach Hause.
Eine Zwölfjährige ist den ganzen Tag unterwegs gewesen: »Bittschön um Arbeit!« Sie weiß ja, daß sie nichts finden wird. Aber nach Hause kann sie auch nicht, weil nicht geheizt ist. Sie ist in der Kirche gewesen, aber dort ist es nicht viel wärmer. Das Weihwasser war gefroren! Ihre Kleider sind schon feucht und die Schuhe völlig naß.
Die *Kinder der Straße* werden zum Thema von Janusz Korczaks erstem Roman.
Er spricht die Kinder an, aufmerksam und geduldig hört er ihren Kummer. Er versucht ihnen zu helfen, bringt sie zu den Institutionen der Warschauer Wohltätigkeitsgesellschaft, wenn niemand sich um sie kümmert. Er lädt sie auch zu sich auf sein Zimmer. Was er entbehren kann, gibt er her. Er veranstaltet Spiele und Unterhaltungen für sie. Einmal im Winter verkleidet er sich als Nikolaus.
Hanna Mortkowicz-Olczakowa, seine Biographin, beschreibt Janusz Korczak, so wie ihn die anderen damals erlebten:
»Dieser junge Mann mit dem goldenen Bart und den guten, hellen Augen ist ein bißchen seltsam, manchmal traurig, manchmal komisch und ausgelassen, als wäre er selbst noch ein Kind. Die

Erwachsenen nennen ihn ›der Student‹. Er trägt die blaue Studentenuniform mit dem silberbetreßten Kragen und lacht so freundlich und kann so wunderbar scherzen. Mit der Zeit wird er in den Hinterhöfen und den Kinderzimmern zu einer legendären Gestalt.«
Der Student Henryk Goldszmit/Janusz Korczak lernt in diesen Jahren nicht nur Medizin, sondern betreibt empirische Sozialforschung. In seinen *Erinnerungen* schreibt er über diese Zeit:
»Ich beginne jetzt zu begreifen, wie man für einen Tagesverdienst von vier, drei oder gar nur zwei Zloty eine Familie erhalten, Miete, Lebensunterhalt, Kleidung, Wäsche, Petroleum, Doktor, Apotheke und den Pfarrer für das Begräbnis bezahlen und sich manchmal noch betrinken und einen Namenstag ausrichten kann. Ich verstehe jetzt, warum die Kinder hier eine erdige Gefängnishaut, entzündete Lider und krumme Beinchen haben, und warum von zehn nur vier am Leben bleiben. Ich kann es mir nur nicht erklären, wie diese vier groß werden können und Kraft zur Arbeit haben.«
Korczak hat das »Thema seines Lebens« gefunden, er nennt es »die Sache des Kindes«: »Ich habe es gelobt und will dabei bleiben. Der Sache des Kindes bin ich verpflichtet.«

In seinem zweiten Roman rechnet Korczak mit der bürgerlichen Welt seiner Kindheit ab. *Das Salonkind* ist der frustrierte Bürgersproß, der die Art und Weise verachtet, wie sein Vater Geld verdient (er stellt Glyzerinseife her), und der selbst etwas Besseres werden möchte, wenn er nur wüßte, was. Die Welt steht ihm offen und ist zugleich zu eng für ihn. »Soll ich mir eine Kugel durch den Kopf jagen? Soll ich die reiche Schweizerin heiraten?«
Wäre auch Henryk so geworden: blasiert, träge, zynisch? Es sind die Lebensumstände, die den Menschen formen, daran glaubt er fest.

Henryk Goldszmit, der sich als Schriftsteller Janusz Korczak nennt, hat sich zum Kinderarzt spezialisiert. Aber neben der Medizin gibt es noch viele Wissensgebiete, die ihn interessieren. Das 19. Jahrhundert war eine umwälzende Epoche für die Wissenschaften vom Menschen: Anthropologie, Psychologie, Sozialphilosophie und Pädagogik.
Kinder – auch Kinder mit abweichendem, ja kriminellem Verhalten

– werden allmählich nicht mehr als wilde Tiere angesehen, die man züchtigen und zwingen, einsperren und schlagen muß, sondern als Wesen, die von Veranlagung und Umwelt geprägt sind. Oft haben sie in frühen Jahren seelische Verletzungen und Verstümmelungen davongetragen, von denen sie geheilt werden können. Immer mehr Wissenschaftler, Ärzte und praktische Pädagogen interessieren sich für die Bedingungen, unter denen Kinder leben, sich entwickeln und lernen. Man sucht nach Verbesserungen, nach idealen Lernbedingungen.

Am Ende seiner Studienzeit bereist Korczak die drei damaligen Hauptstädte Europas: London, Paris und Berlin. In Berlin lernt er die Arbeiten der Kinderärzte Heinrich Finkelstein und Adolf Bagiński kennen.

Er ist überwältigt von der Fülle der europäischen Forschungs- und Reformansätze, studiert die Werke von Fröbel und Pestalozzi, lernt die Schriften von Maria Montessori und Anton S. Makarenko kennen.[3)] In Paris hospitiert er in der Psychiatrischen Klinik der Charité, in London besucht er Waisenhäuser und Besserungsanstalten, um sich über die dort angewandte Erziehungspraxis zu informieren.

Während seiner Studienzeit im Ausland faßt Korczak endgültig den Entschluß, nicht zu heiraten. Warum dieser Mann, der Kinder über alles liebt, keine eigene Familie gründet, dafür mag es einige Erklärungen geben: seine latente Angst, erblich mit einer Geisteskrankheit belastet zu sein, oder auch eine schlechte Erfahrung in seiner Jugend, wie Freunde vermuten. Korczak selbst schreibt über seine Entscheidung:

»Ich kann mich noch an den Augenblick erinnern, als ich beschlossen hatte, keine eigene Familie zu gründen. Das war in einem Park in der Nähe von London. Der Sklave hat kein Recht, Kinder zu besitzen. Ebenso nicht der polnische Jude unter zaristischem Joch.«

Nach Warschau zurückgekehrt, arbeitet Janusz Korczak in der Bauman-Berson-Kinderklinik in der Sliska-Straße. Über seine Karriere als Arzt macht er sich keine Illusionen. Spitzenpositionen und Spitzeneinkommen werden ihm als einem jüdischen Arzt verschlossen bleiben.

Aber zu seinem Erstaunen sieht er sich binnen kurzem in der zweifelhaften Rolle eines Modearztes. Das *Salonkind* und seine Essays haben ihn in gewissen Kreisen berühmt gemacht. Er veröffentlicht kritische Artikel in der Zeitschrift *Die Gesellschaft* (»Spoleczonstwo«), der *Sozialen Revue* (»Przeglad Spoleczny«) und vor allem in der linken Zeitschrift *Die Stimme* (»Glos«). Für dieses Blatt schreiben namhafte Sozialisten, nicht zuletzt Julian Marchlewski, der gemeinsam mit Rosa Luxemburg die erste marxistische Partei Polens, die »Sozialdemokratie des Königreichs Polen« gegründet hat.

Der Arzt Korczak betreut eine Klientel von Journalisten, Lehrern, Rechtsanwälten und »fortschrittlichen Menschen« , wie er es nennt. Von den Minderbemittelten unter ihnen verlangt er kein Honorar; die Armen kostenlos zu behandeln, ist für ihn selbstverständlich. Zu Korczaks Klienten zählt aber auch die »Creme« der Warschauer Gesellschaft, wie die Tarnowskis oder die Poznańskis; er betritt ihre prunkvollen Palais in der Ujazdowska und Marszalowska-Allee. Für die Reichen gilt es als schick, sich den Dr. Korczak zu rufen, wenn das Kind Verdauungsstörungen hat.

Bei solchen Konsultationen verlangt Korczak dann drei bis fünf Rubel – »eine Unverschämtheit«, wie er mit Genugtuung vermerkt. Überarbeitet und manchmal überreizt hetzt er von der Armen-Ambulanz in der Klinik zum Stadtpalais eines Magnaten und von dort wieder in die Altstadt. Korczak gibt Unsummen für Droschken aus, wenn er »zwischen Salon und Souterrain« hin und her eilt. Er diagnostiziert verdorbene Mägen bei den Kindern der Reichen, Tuberkulose und Skrofeln bei den Proletarierkindern. Die ständige Anspannung, die kaum erträgliche Diskrepanz zwischen Überfluß und Not zerren an seinen Nerven. Er gerät leicht in Zorn und ist dann nicht zimperlich mit dem, was er sagt – vor allem nicht in »feinen« Häusern. Eine reiche Patientin fährt er an: »Madame, wenn Ihr Kind Tee brauchte, dann hätte der liebe Gott Ihnen in die eine Brust Milch und in die andere Brust Tee gegeben!«

Aber sein Sarkasmus prallt ab an der Ignoranz und Gleichgültigkeit der »besseren Gesellschaft«. Es gelingt ihm nicht, ihre Oberflächlichkeit anzukratzen. Er schafft es nur, die vornehmen Klienten zu verärgern, so daß sie allmählich aufhören, ihn zu konsultieren.

In seiner Satire *Kinder sind...* beleuchtet Korczak in einer kurzen

Szene die inhaltslosen Schwätzereien, die man »Tischgespräch« nennt. Mit Vorliebe wird über Themen gesprochen, die als »erbaulich« gelten.
Die Damen und Herren nippen an ihren Gläsern, kauen diskret an einem Hühnerschenkelchen, führen zierlich die Kompottlöffel zum Mund. Eine Dame hat gerade gedankenlos eine Phrase geäußert: »Kinder sind die Zukunft der Nation«, die von allen beifällig wiederholt wird.
Ein schüchterner Herr, der bis jetzt geschwiegen hat, vermutlich ein Lehrer, jedenfalls »nur so einer«, ganz ohne Geld und Einfluß, fühlt sich plötzlich bemüßigt, auch etwas dazu zu sagen:
»Kinder sind die Zukunft der Nation. Sie haben alle recht – nur, diesen Satz muß man sehr gut verstehen, sonst sollte man überhaupt nicht darüber sprechen, um sich nicht lächerlich zu machen – obwohl das gar nicht lächerlich ist...«
Offenbar hat er sich verhaspelt. Die übrigen Tischgäste sind nachsichtig mit ihm. »Herr Professor, wir verstehen.«
Da wird der schüchterne Mensch ganz aufgebracht, er stößt heftig seinen Teller von sich. »Wenn ihr das alles verstehen würdet, dann könntet ihr nicht mit so stoischer Ruhe eure Kompotte, Hähnchen und Karotten essen!«
»Dieser Mensch konnte wahrhaftig keine zwei Tätigkeiten auf einmal ausüben: sich unterhalten und essen«, schreibt Korczak. Und er fügt hinzu: »In der letzten Zeit macht sich eine abscheuliche Kategorie von Menschen breit, die man, schonend ausgedrückt, überempfindlich nennen könnte. Diese Leute stellen sich vor, daß man bei einer Pastete nicht von einer Überschwemmung oder im Konzert nicht über das Los der Findelkinder sprechen darf.«
Mit der Figur dieses »Lehrers« zeichnet Korczak ganz offensichtlich ein Bild von sich selbst: überempfindlich – »nur so einer« – hustet nachts – langweilig und mürrisch.
Sein Freund, Igor Newerly, gibt von ihm eine andere Beschreibung: »Janusz Korczak, wie er sich uns nach dem Jahr 1904 darstellt, ist vor allem ein guter Mensch. Von jener schwer verständlichen Güte, die nicht nach allgemein menschlichen Maßstäben meßbar ist. Er hat eine recht poetische Natur und einen forschenden Geist. An sich selber stellt er ethische Maximalforderungen; er ist ein Fanatiker der

Pflicht. Er ist sich dessen bewußt, daß all unsere Ideale und Wahrheiten nur den Wert besitzen, den wir ihnen durch unser eigenes Leben verleihen.«

Politisch steht Korczak im sozialistischen Lager. Die polnischen Sozialisten vertreten seine Anliegen und Forderungen: Abschaffung der nationalen Unterdrückung und Russifizierung Polens, Besserung der Lebens- und Arbeitsbedingungen der Massen, höhere Löhne, Zugang zu den Bildungsinstitutionen, bessere Gesundheitsversorgung…

Wegen seiner Mitarbeit in den Volksbüchereien ist Korczak 1899 festgenommen und einige Wochen inhaftiert worden. Die Leihbüchereien waren vom Redakteur eines nationaldemokratischen Blattes beschuldigt worden, sie verbreiteten den Atheismus und Radikalismus.

Es ist die Zeit politischer Verfolgung der Linken und konspirativer Aufbauarbeit in den Parteien, aber auch eine wirre Phase der Spaltungen und Flügelkämpfe innerhalb der Verbände. Unerbittlich bekämpfen einander die »Polnische Sozialistische Partei« (PPS) und die »Sozialdemokratie des Königreichs Polen«, die den Nationalismus ablehnt und ein Zusammengehen polnischer und russischer Arbeiter fordert. [4)]

Die Parteiideologen beschuldigen einander des Verrats und der Denunziation bei der zaristischen Behörde. Einer schimpft den anderen Verräter und Spitzel. Korczaks Freund, der Dichter Stanislaw Brzozowski, fällt dieser Hexenjagd zum Opfer. Er wird bezichtigt, ein »Provokateur«, ein Agent der Regierung zu sein, und stirbt einige Jahre später, ohne daß er sich rehabilitieren hätte können.

Korczak bleibt sein Leben lang skeptisch gegenüber Schlagworten und Partei-Doktrinen, gegenüber der Aufforderung, »die Welt zu reformieren« und dabei über Leichen zu gehen, nach dem Motto: »wo gehobelt wird, fallen Späne«. Er hat keine Geduld für Revisionismus-Debatten, wenn zur gleichen Zeit Kinder verhungern und erfrieren.

Der Kampf gegen die Entfremdung fängt für ihn beim konkreten Nächsten an, in der Praxis und nicht in der Theorie.

1904 beginnt der Russisch-Japanische Krieg. Korczak wird einberufen. Als »Stabskapitän im Sanitätsdienst« betreut er Verwundetenzüge und Lazarette. Er durchquert mit dem Heer den Osten des unermeßlichen Russischen Reichs, die Länder der Tartaren, Kirgisen, Burjäten. Es verschlägt ihn bis in die Mandschurei, in das Dorf Tadaj-dzou.

Die Situation im zaristischen Heer ist katastrophal. Die Soldaten – arme, unwissende Bauern – werden in die Schlacht geschickt, ohne daß auch nur Medikamente vorhanden wären, um die Verwundeten zu verarzten. Als das geschundene Fußvolk schließlich meutert, wird der Aufstand durch Generäle brutal niedergeschlagen, die Aufrührer werden aufgehängt.

Nicht nur im Heer wird rebelliert. Die durch den Krieg verursachte Wirtschaftskrise verstärkt auch im Hinterland die Unruhe. In Rußland und im Königreich Polen kommt es zu Demonstrationen und Zusammenstößen mit der zaristischen Polizei. In den Schulen Polens streiken die Schüler gegen den Russisch-Unterricht, die Bevölkerung versucht, gegen die weitere Aushebung von Soldaten Widerstand zu leisten.

Als bei einer Kundgebung in Petersburg Arbeiter erschossen werden, brechen in russischen und polnischen Städten Massenstreiks aus. Das Militär geht mit Gewehr und Säbel auf die Demonstranten los. In Warschau, Lodz und Lublin kommt es zu Straßenkämpfen. Auch der von der Front heimgekehrte Dr. Korczak wird zu verwundeten Arbeitern geholt.

Nach und nach streiken alle Schüler in Polen. Die Schüler setzen es schließlich durch, daß der Unterricht in polnischer Sprache gehalten wird.

Fast einen Monat lang – im November 1905 – ist über ganz Polen der Belagerungszustand verhängt. Danach geben die Arbeiter den offenen Widerstand auf. Aber die Konflikte schwelen weiter. Insgesamt gehen die Arbeiterparteien und Gewerkschaften gestärkt aus der Revolution hervor.

Janusz Korczak weint um die gefallenen Kinder. Für ihn sind die Kinder die am stärksten benachteiligte Bevölkerungsgruppe, mehr als alle ausgebeutet und rechtlos. Er nennt die Kinder »Proletariat auf kleinen Füßen«.

»Warschau tut nichts für ein Drittel seiner Bevölkerung«, bemerkt

Korczak im Gespräch mit einem General. Als dieser ihn verblüfft anstarrt, erklärt Korczak, daß er damit die Kinder meine.
»Ich habe nicht daran gedacht, daß Kinder auch Bevölkerung sind«, sagt der General erstaunt.
Für Janusz Korczak wird der folgende Satz zur Grundlage seiner Pädagogik: »Kinder werden nicht erst zu Menschen, sie sind bereits welche.«

Wie man ein Kind lieben soll

Korczak opfert seine Urlaube, um mit armen Warschauer Kindern in die Ferien zu fahren. Finanziert von einer privaten, wohltätigen Gesellschaft, ermöglichen es die »Sommerkolonien«, daß proletarische Großstadtkinder wenigstens ein paar Wochen auf dem Land, im Grünen verbringen können.
Für den angehenden Pädagogen Korczak ist es die Gelegenheit, einen Internatsbetrieb kennenzulernen, der andere Anforderungen an den Erzieher stellt und eine andere Dynamik entwickelt als der Unterricht oder die Aufsicht von Kindern in der Bücherei.
Auf dem Bahnhof sieht der »Betreuer« dann seine Schützlinge eintrudeln: Lächelnde und Verschlossene, Gewaschene und Vernachlässigte, Schüchterne und Mutige. Manche haben Lebkuchen als Reiseproviant mitbekommen, manche haben gar nichts. Es sind jüdische Kinder aus der Gesiastraße, der Krochmalna-Straße, der Smocza-Straße. Sie heißen Sobol und Rechtleben, Fiszbin und Miller, Gurkiewicz, Elwein und Plocki. Einige von ihnen sprechen nicht einmal Polnisch, nur Jiddisch – für Korczak immer noch eine fremde Sprache.
Aber eines findet er bald heraus: »Das stille, graue polnische Wort ›smutno‹ (traurig) heißt im Jiddischen genauso. Und wenn sich ein polnisches oder jüdisches Kind unglücklich fühlt in der Welt – denkt es mit demselben Ausdruck, daß ihm traurig zumute sei.«
Der junge Betreuer ist voll guter Absichten und hochfliegender Erwartungen. Und gleich in der ersten Woche in der Sommerkolonie Michalowka macht er eine entscheidende pädagogische Erfahrung – allerdings nicht unbedingt eine angenehme: Die Jungen meutern gegen ihn.
Als er ihnen im Schlafsaal gute Nacht wünscht, beginnt auf einmal ein ohrenbetäubender Lärm, »Katzenmusik« genannt: Einer pfeift, einer kräht, andere bellen und muhen. Korczak hat so eine Auflehnung noch nie erlebt. Kinder mochten ihn sonst immer. Was ist hier falsch gelaufen? Warum diese Verschwörung gegen ihn?
Er gerät völlig aus dem Konzept. »Ruhe!« schreit er. Und als endlich Ruhe eintritt – eine gespannte, feindselige Stille –, sagt Korczak mit

erstickter Stimme: »Wenn ich einen erwische, der jetzt noch pfeift –« Prompt pfeift es hinter ihm. Korczak fährt herum und haut dem nächsten besten Jungen eine runter. Der jammert, er ist unschuldig. Korczak beutelt ihn und schreit: »Ich schmeiß dich auf die Veranda! Da wird dich der Hund beißen!«

Der Junge schluchzt, die anderen schweigen. Für diesmal ist es vorüber. Verstört geht Korczak hinaus, entsetzt darüber, daß er sich so hinreißen ließ. Er gerät leicht in Rage, aber hier hat er es doch mit Kindern zu tun!

In einer schlaflosen Nacht beginnt er zu begreifen, daß es ein Machtkampf ist, der sich hier abspielt. Die Jungen aus den Warschauer Slums verteidigen ihre hart erkämpften Anführerpositionen.

Am nächsten Tag meldet eines der Kinder, das Zutrauen zu ihm gefaßt hat, daß die Jungen Stöcke in den Schlafsaal mitnehmen werden. Und wenn der Betreuer einen von ihnen verhaut, würden sie sich zur Wehr setzen.

Korczak ist angetreten mit einem Programm von Liebe und Verständnis. Statt dessen hat er in der ersten Woche Krieg.

»Ich war ausgegangen, in weißen Handschuhen, mit einer Blume im Knopfloch, um erfreuliche Eindrücke und liebliche Erinnerungen einzuheimsen bei Hungrigen, Mißachteten und Enterbten. Ich hatte mich herauslügen wollen aus meinen Verpflichtungen mit ein paar freundlichen Gesten und billigen Feuerwerkseffekten, ich hatte es nicht einmal fertiggebracht, mir ihre Namen einzuprägen, die Wäsche richtig auszugeben und für die Sauberkeit der Klosetts zu sorgen. Ich hatte darauf gewartet, daß sie mir ihre Sympathie entgegenbrächten, und ich wollte ihre in den Winkeln des Großstadtlebens gezüchteten Fehler nicht zur Kenntnis nehmen…«

Am Abend nimmt Korczak den Jungen die Stöcke ab, als sie in den Schlafsaal kommen, aber er bestraft sie nicht, sondern redet mit ihnen. Er sagt, daß er sich dafür schämt, daß er einen von ihnen geschlagen hat. Er hätte dem Kleinen nicht drohen dürfen, ihn auf die Veranda zu sperren, wo ihn der Hund beißen wird.

»Ich schäme mich sehr, aber auch ihr müßt euch schämen. Ich habe meine Schuld eingestanden, nun tut ihr das auch…«

Einzelne Kinder sind bereit, Fehler zuzugeben, andere nicht. Zögernd entwickelt sich eine Beratung, wie man es in Zukunft besser machen könnte. Korczak schlägt vor, diese Übereinkunft schriftlich festzuhalten.

In diesem Zwischenfall – »für die Kinder eine Episode, für mich ein umstürzendes Ereignis« – findet sich bereits der erste Versuch von Korczaks Kinderdemokratie: Gerechtigkeit, Kompromiß, Vertrag.
»Ich hatte begriffen, daß Kinder eine Macht sind, die man zur Mitwirkung ermuntern und durch Geringschätzung verletzen kann, mit der man aber auf jeden Fall rechnen muß.«
Nicht in der Theorie, sondern in der (teilweise recht beschwerlichen) Praxis entwickelt er jene Regeln und Einrichtungen, die er später in den Waisenhäusern zur Anwendung bringen wird. Eine davon ist das »Schiedsgericht«: Kinder, die gegen die Vorschriften verstoßen oder über die andere sich beklagen, müssen sich nicht vor dem Betreuer, sondern vor der Gemeinschaft verantworten.
Die Erfahrungen, die Korczak bei den »Gerichtsverhandlungen« macht, sind nicht nur eine Fundgrube für ihn als Pädagoge und Schriftsteller – sie sind auch zum Teil recht komisch.
Das Schiedsgericht beschuldigte Fiszbin, daß er ohne jeden Grund Olszyna mit Tannenzapfen bewarf.
»Warum hast du geworfen?«
»Ich hatte so viele davon und wußte nicht, was ich mit ihnen machen soll.«
»Und warum hast du sie nicht auf die Erde geworfen?«
»Dazu waren sie mir zu schade.«
Die Zuschauer lachen.
Urteil: Unter Berücksichtigung des jugendlichen Alters von Fiszbin verurteilt das Gericht ihn zu zehn Minuten Arrest.
In einem anderen Fall ist der Betreuer Ankläger und Verteidiger zugleich:
Plywak und Szydlowski sind so weit vom Heim weggelaufen, daß sie die Glocke nicht hörten und zu spät zum Frühstück kamen.
»Wißt ihr nicht, daß es nicht erlaubt ist, allein in den Wald zu gehen? Ihr könntet euch verlaufen oder im Fluß ertrinken! Ihr könntet von einer Kuh gestoßen oder von einem Hund gebissen werden! Wißt ihr nicht, daß ihr nicht zu spät zum Frühstück kommen dürft, weil wir nach dem Frühstück zum Baden gehen? Und warum lauft ihr über-

haupt in den Wald, wo es doch hier genug Platz zum Spielen gibt?«
Plywak und Szydlowski sind Blumen pflücken gegangen.
Der Staatsanwalt verwandelt sich in den Verteidiger:
»Meine Herren Richter! Diese Jungen haben sich zweifellos schuldig gemacht. Man darf sich zum Frühstück, Mittagessen, Vesperbrot und Abendessen nicht verspäten. Hundert Jungen können nicht auf einen oder zwei Nachzügler warten. Wir können nicht jeden einzelnen im Wald suchen, ihn am Ohr nehmen und herbringen. Deshalb gibt es eine Glocke, und auf die muß man achten... Also haben sie eine Strafe verdient, jedoch... Plywak und Szydlowski wollten im Wald Blumen pflücken. Auf dem Land darf man das. Und es hat ihnen so viel Spaß gemacht, daß sie darüber das Frühstück vergaßen. Plywak ist zum ersten Mal in der Ferienkolonie. Szydlowski war in Ciechocinek, aber dort gibt es nur wenige Blumen. Sollte man ihnen also dieses eine Mal noch verzeihen?«
Nach einer kurzen Beratung sprechen die Richter beide Angeklagten frei.

Die meisten Kinder in der Sommerkolonie Michalowka sind noch nie zuvor auf dem Land gewesen. Schon die Fahrt mit der Eisenbahn – vorbei an Dörfern und strohgedeckten Hütten, an Feldern mit Vogelscheuchen – ist für sie eine Sensation. Beim Überqueren eines Flusses fragt einer: »Welche Weichsel ist das?«
Die Weichsel ist das einzige fließende Wasser, das sie kennen, also ist »Weichsel« für sie die Bezeichnung für Fluß.
Manche haben noch nie einen Storch gesehen – oder flaumige Hühnerküken – oder eine Hummel...
Der kleine Czarnecki läuft lange einem Schmetterling nach – nicht weil er ihn fangen will, er will ihn nur bestaunen. Einmal, in der Schule, hat ein Mitschüler Papierschnitzel in den Hof schweben lassen und behauptet, es seien Schmetterlinge. Dafür war er vom Lehrer verprügelt worden, weil der Hausmeister sich beschwert hatte. Es gibt diese Schmetterlinge also wirklich...
Später schreibt Janusz Korczak ein Buch über die Kinder von Michalowka: Über Chaim Bromberg, den Raufbold, über den lungenkranken Aron Najmajster, über Wajnrauch, dem sie in einem Straßengefecht in Warschau ein Bein abgeschossen haben, über Lewek Recht-

leben, der drei Tage vor Heimweh geweint hat und am vierten getröstet ist, über *Die Mojsches, Joscheks und andere Lausbuben*. Ein weiteres Buch über eine Sommerkolonie mit polnischen Kindern folgt: *Von den Joscheks, Jascheks und Franeks*.
In diesen beiden Büchern, die für Kinder geschrieben sind, berichtet Korczak mehr über die Sonnenseiten der Ferienlager: Abenteuer, Streiche, heitere und schöne Erlebnisse. Aber er bleibt auch in den Kinderbüchern ein sozialkritischer Schriftsteller. Seine Mojsches und Jascheks kennen Armut und Krankheit besser als gute Tage. Die Existenzsorgen beginnen früh auf ihnen zu lasten.
»Hat der liebe Vater eine Anstellung gefunden? Und hat Chaim Arbeit und verdient etwas?« schreibt einer nach Hause.
Korczak malt keine Idyllen. Auch nicht für Kinder.
Einmal, als er mit seiner Schar zum Baden wandert, kommen sie an einem Kutschwagen vorbei. Begeistert sehen die Jungen, daß da ein Fohlen neben dem großen Pferd herläuft. Sofort rennen sie dem Wagen nach, versuchen das Pferdchen zu berühren, zu streicheln, es wenigstens ganz genau zu sehen.
»Gib ihnen eins mit der Peitsche!« sagt der Mann auf dem Kutschwagen zum Fuhrmann.
Die Jungen bleiben befremdet stehen. Stumm und ein wenig traurig, wie wenn sie zur Besinnung kämen.
»Das kleine Pferd, über das ihr euch so gefreut habt, ist der Sohn vom alten Pferd«, erklärt der Betreuer. »Und der Herr, der euch mit der Peitsche schlagen wollte, ist ein dummer Mensch.«

Am letzten Tag der Ferienkolonie versammeln sich alle auf der Veranda, um den Sonnenuntergang zu betrachten. In Warschau sieht man vor lauter Fabrikdunst die Sonne nicht oft. Gespannt beobachten die Kinder, wie der große goldene Ball am Horizont versinkt.
Korczak beginnt ein Märchen:
»Vielleicht kehren wir nicht zurück nach Warschau? Vielleicht stellen wir uns zu zweit auf, nehmen Fähnchen mit, singen ein Lied und machen uns auf den Weg?«
»Wohin?«
»Zur Sonne.
Man wird lange gehen müssen, aber was schadet's? Wir werden auf

dem Feld schlafen und uns das verdienen, was wir zum Leben brauchen. In dem einen Dorf wird Geszel auf der Geige spielen, und sie geben uns Milch. In dem anderen Dorf wird Ojzer ein Gedicht aufsagen oder Aron ein spannendes Märchen erzählen – und sie geben uns Brot. Woanders wieder singen wir oder helfen bei der Feldarbeit. Für den lahmen Wajnrauch machen wir ein Wägelchen aus Brettern, und wenn er müde ist, werden wir ihn fahren. Wir werden lang, lang gehen, wir werden gehen und gehen und gehen…«
»Nun, und weiter?« fragen die Jungen ungeduldig.
Da ertönt die Glocke, die zum Abendessen ruft, und das Märchen bleibt unvollendet.

Janusz Korczak träumt von einer »Schule für das Leben«. In ihr sollen die Schüler neugierig sein und etwas erfahren wollen – leisten wollen. Zugleich sollen sie Achtung und Mitgefühl für den anderen entwickeln. Aufmerksame Beobachter sollen sie sein. Sie sollen lernen, miteinander und mit den Erwachsenen zu diskutieren. Frei, ohne seelische Deformierung sollen sie in die Welt hinausgehen – bereit, für sich und die Gemeinschaft eine sinnvolle Arbeit zu tun.
Nicht durch Revolution, nur durch bessere Lebensbedingungen und Erziehung können die Menschen sich ändern. Auch Korczak denkt an einen »neuen Menschen«. Nicht im Sinn der Kirche oder des Staates oder einer Gesellschaftsklasse, sondern im Sinn des Heranwachsenden selbst.
Was Janusz Korczak vorschwebt, ist eine organische Verbindung von Kindergärten, Schulen, Internaten oder Waisenhäusern, kombiniert mit Werkstätten, Krankenhäusern, Bibliotheken, einer Bank und einem Arbeitsvermittlungsbüro.
Für eine solche umfassende Institution gibt es bereits ein Vorbild: die »Warschauer Wohltätigkeitsgesellschaft«, die zahlreiche solcher Heime und Institute finanziert. Ihr gehört auch die »Anstalt für Kinder mosaischer Konfession«, in der Korczak von 1906 – 1910 als Lehrer und Betreuer arbeitet.
Daneben gibt es in Warschau noch viele andere Fürsorgegesellschaften: die »Gesellschaft der Kinderfreunde«, die »Gesellschaft für Sommerkolonien«, der Verein »Hilfe für die Waisen«. Der Historiker Hans Roos schreibt von einer »Tradition gesellschaftlicher Selbst-

hilfe« in Polen, die die Unterlassungssünden des Staates zum Teil wiedergutmacht.
In seinem Beruf als Arzt wird Korczak mit den sozialen Widersprüchen der Gesellschaft immer weniger fertig. Allmählich ist es ihm gelungen, seine wohlhabende Klientel zu vergraulen. Ein Arzt, der einen übertriebener Ängstlichkeit und bürgerlicher Vorurteile bezichtigt; der sich für die Launen der Sprößlinge nicht interessiert und statt dessen dauernd über die Infektions- und Erbkrankheiten der Spitalskinder redet – ein solcher Arzt ist nicht mehr amüsant. Korczak ist bei den Reichen nicht länger in Mode. Damit ist aber den armen Patienten auch nicht geholfen. Die Diagnosen und Rezepte des Arztes ändern im Grund nichts an ihrer traurigen Lage.
»Wann zum Teufel werden wir endlich aufhören, Salyzil gegen Elend, Ausbeutung, Unrecht, gegen Verwaisung und Verbrechen zu verschreiben! Wann, in Dreiteufels Namen!« schreibt Korczak verbittert.

Da beschließt der jüdische Verein »Hilfe für die Waisen«, ein Heim zu gründen, das nach modernen Gesichtspunkten, also nach reformpädagogischen Ansätzen geleitet werden soll.
Die Kinder für dieses Heim sind bereits gefunden. Bei einer unangemeldeten Visite des Waisenhauses in der Dzikastraße hat sich herausgestellt, daß die Zustände dort ein Skandal sind: Die Waisen sind verlaust und verdreckt; sie werden mit Kartoffelschalen abgefüttert, während das Personal es sich gutgehen läßt. Die Inspektion findet völlig abgemagerte und zerlumpte Kinder; statt zu spielen, kauern sie auf ihren Betten im Schlafsaal. Die Matratzen sind ohne Bezüge.
Das Waisenhaus in der Dzikastraße wird sofort aufgelöst. Die Kinder werden vorübergehend in einem ehemaligen Kloster untergebracht und ärztlich versorgt. Für sie soll nun ein neues Heim entstehen. Der Verein tritt an Janusz Korczak mit der Bitte heran, die pädagogische Leitung dieses Waisenhauses zu übernehmen. Korczak folgt einer Einladung in die Franciszkanska-Gasse. Er sieht die Waisen mit ihren kurzgeschorenen Köpfen, den neuen Anstaltskitteln – immer noch mager, aber bereits zaghaft lächelnd –, und er beschließt, diesen Kindern ein Heim zu schaffen und von nun an ganz für sie da zu sein.

Nicht ohne Schuldgefühle gibt er den Arztberuf auf; nur noch seine Waisenkinder wird er medizinisch betreuen. Ihm ist bei diesem Schritt klar, daß er sich damit dem Wohlwollen jener Gesellschaft ausliefert, die er in seinen Satiren angegriffen hat. Das vornehme Warschau veranstaltet gern Bälle, deren Erlös einem guten Zweck dient – »Walzertanzen für die Waisenkindlein« nennen es die Spötter. Vom Staat wird das Waisenhaus keine Zuschüsse erhalten. Es ist völlig von den Spenden wohlhabender Mäzene abhängig. Und Janusz Korczak wird von nun an Bittgang um Bittgang unternehmen müssen, um die Mittel zu beschaffen.
Auch der Bau muß durch Spenden finanziert werden, das Mobiliar, die Lebensmittel – alles.
1911 zieht das Waisenhaus in ein neues Gebäude in der Krochmalna-Straße 92. Es erhält den Namen »Dom Sierot«: Haus der Waisen.

Die Krochmalna ist eine lange Wohn- und Geschäftsstraße im jüdischen Viertel; jeder Häuserblock ist hier für sich eine kleine Gemeinde. In der Krochmalna sieht man die Jungen mit tanzenden Schläfenlocken in den Cheder laufen. Verheiratete Frauen zeigen sich in der Öffentlichkeit nicht ohne Perücke. Und die Männer tragen seidene Kaftane und Hüte mit Pelzverbrämung, wenn sie am Sabbat in die Synagoge gehen.
Hier gibt es einen großen Gemüsemarkt, und Dutzende Straßenhändler verkaufen Brot und Brezeln, Geflügel und Fisch.
Das langgestreckte, dreigeschossige Gebäude von »Dom Sierot« gehört von nun an zum Bild der Krochmalna.
Im obersten Stock hat Korczak eine Kammer für sich eingerichtet. Auch eine junge Erzieherin zieht in das neue Haus: Stefania Wilczyńska. Aus vermögender jüdischer Familie stammend, hat sie in der Schweiz und in Belgien studiert, auch Kurse für Kindererziehung nach der Methode Fröbels absolviert. Dann hat sie die Waisenkinder in der Franciszkanska kennengelernt und – wie Korczak – beschlossen, ihr Leben den Ärmsten zu widmen.
Hanna Mortkowicz-Olczakowa erinnert sich: »In der großen Familie des Waisenhauses vertrat der Herr Doktor das schöpferische, einfallsreiche, übergeordnete Element. Er war – wie ein Vater – nur in Augenblicken guter Laune, in Feiertagsstimmung, in außerordentli-

cher Situation zu sprechen. Er kam und verschwand wie Flut und Ebbe. Frau Stefa war immer da. Man konnte mit den winzigsten Sorgen zu ihr kommen, mit frohen und betrüblichen Dingen, mit einem Riß im Hemdsärmel und einem Klecks im Heft...«

Jeden Mittwoch ist »Dom Sierot« für Besucher geöffnet. Die »Philanthropen«, die gespendet haben, dürfen sich ansehen, wohin ihre Gelder geflossen sind. Wenn Korczak sich an solchen Besuchstagen überhaupt blicken läßt, dann kann es vorkommen, daß man ihn mit seiner grünen Schürze für den Hausmeister hält. Einmal bekommt er von einem Herrn, dem er in den Mantel geholfen hat, ein Trinkgeld in die Hand gedrückt. Korczak bedankt sich schmunzelnd. Wenn es allerdings um die Kinder geht, hört bei ihm der Spaß auf.
Ein anderes Mal kommt eine muntere Gesellschaft ins Ferienlager »Goclawik«, um »Waisen anzuschauen«. Als die Kinder heranlaufen und neugierig das Auto umringen, amüsieren die Damen und Herren sich damit, Bonbons und Kekse unter sie zu streuen, als handelte es sich um eine Schar Spatzen. Plötzlich hört man Korczaks scharfen Ruf: »Halt! Alle Kinder zurück!«
Die Kinder gehorchen. Auf eine weitere Anweisung Korczaks fliegen die halbgelutschten Bonbons und die Kekse ins Auto zurück.

1914 bricht der Weltkrieg aus, der später der »Erste« genannt werden wird. Korczak ist 36 Jahre alt. Er erhält wieder den Einberufungsbefehl, arbeitet als Chefarzt in einem Divisionslazarett. In den Nächten verfaßt er sein erstes pädagogisches Buch: *Wie man ein Kind lieben soll.*
Mit der Armee des russischen Generals Samsonow zieht er zu den Masurischen Seen – in die ukrainische Steppe – nach Tarnopol. Wo immer sich unterwegs eine Gelegenheit ergibt, arbeitet er an seinem Buch. Es nimmt seine Gedanken voll in Anspruch: »Das Kind lieben«, das heißt, es richtig aufziehen. Korczak schreibt über Ernährung und Schlaf des Säuglings, über die Verpflichtung der Eltern, Eigenart und Bedürfnisse ihrer Kinder zu erkennen und zu respektieren; er schreibt über die Schwierigkeiten des Wachstums...
Der Stil ist unwissenschaftlich, eine Mischung aus lakonisch-witzigen Beobachtungen und Betrachtungen und leidenschaftlichen Appel-

len: Hört zu, wenn euch die Kinder Fragen stellen! Nehmt sie ernst! »Ob es Menschen gibt, die Augen aus Glas haben, ob sie die Augen herausnehmen können und ob man mit solchen Augen auch sehen kann?« wollen die Kinder wissen. »Wozu sind Perücken da? Und weshalb lacht man, wenn einer eine Glatze hat? Gibt es Menschen, die mit dem Bauch reden, oder reden sie mit dem Nabel? Wozu ist der Nabel eigentlich da? Ob es in den Ohren wirklich Trommelfelle gibt? Weshalb sind die Tränen salzig, und weshalb ist das Meer auch salzig?«

Seitenweise schreibt er über die Fragen der Kinder, als ob es in einem Weltkrieg keine größeren Probleme gäbe. Aber Janusz Korczak bleibt unbeirrt beim »Thema seines Lebens«. Der Aspekt der Kinder ist für ihn auch in dieser schrecklichen Zeit das Wichtigste.

Über die Kriegsjahre schreibt Korczak später das Essay *Der Frühling und das Kind*. Er schildert darin die gespenstische Stimmung der Fahrt durch das von den Truppen zerstörte Land:

»Unsere Marschkolonne durchquerte ein fast gänzlich ausgebranntes Dorf. Ein herrlicher Frühlingstag. Das Unkraut stand hoch zwischen den Büschen auf den Feldern... ein zerstörtes Haus, eine verrußte Wand, etwas überdacht, ein wenig Putz. – An den verkohlten Balken hängt eine aus Stacheldraht gefertigte Schaukel, statt des Sitzes die auf Draht gezogene Hülse eines Artilleriegeschosses.

Man hatte gedacht, nach diesem Krieg wird kein erwachsener Mensch mehr den Mut haben, ein Kind deshalb zu schlagen, weil es eine Scheibe einschlug oder die erhabene Atmosphäre des Schulunterrichts unterbrach. Man hatte angenommen, daß wir mit hängenden Köpfen und gesenkten Augen an den Kindern vorbeigehen würden – wir, verantwortlich für den entfachten Wahnsinn, dessen einer Hauch mehr Schaden angerichtet hat als alle Bälle und Streiche der Kinder, der ersten zu würdigenden Opfer des letzten Krieges. Aber die Erwachsenen sind nach dem Krieg, wie sie vorher waren: Selbstgefällig und brutal gegenüber denen, die schwächer sind und ihnen hilflos ausgeliefert – den Kindern.«

Eine Szene am Bahnhof: Die Mutter hat ihre fünfjährige Tochter so geohrfeigt, daß die Lippe blutet. Die Kleine hatte zur Tante laufen wollen.

»Du hast nichts zu wollen!«
Das Kind wischt die blutende Lippe mit einem Taschentuch, die Erwachsenen führen ihr Gespräch fort – munter, als ob niemand neben ihnen weinte.
»Ich frage nur, was würde geschehen, wenn nicht ein Kind, sondern ein Erwachsener ungerechtfertigt im Gedränge eine in die Fresse bekommen hätte. Wie würde der Krach schlagen?!« schreibt Korczak zornig.
»Ich fordere, endlich aufzuhören mit dem falschen Schein unseres zärtlichen und duseligen, geradezu gnädigen Verhältnisses zum Kind. Statt dessen sollte man fragen, welche Rechte es hat.«

1916 wird Korczak nach Kiew beordert, einem Zentrum der Kriegswirren. Dort ergibt es sich, daß ein Beamter der Allrussischen Zentralverwaltung vom Schriftsteller Janusz Korczak gehört hat; durch seine Protektion kann Korczak in Kiew als Kinderarzt arbeiten. Auf diese Weise lernt er Maryna Rogowska-Falska kennen, die einen Hort für ukrainische Kinder leitet. Er berät sie bei ihrer Arbeit, und es beginnt eine lebenslange Freundschaft.
Maryna Rogowska-Falska hat ein bewegtes Leben hinter sich. Als Mitglied der Polnischen Sozialistischen Partei ist sie bei der gleichen Versammlung verhaftet worden, bei der auch der spätere polnische Staatschef Pilsudski festgenommen wurde. Sie kam in die berüchtigte Warschauer Zitadelle, und danach folgte die Verbannung nach Sibirien. Nach der Freilassung heiratete sie das Parteimitglied Dr. Leon Falski und arbeitete mit ihm in der Illegalität. Einige Jahre nach der Hochzeit starb Leon Falski an Flecktyphus, wenig später starb auch das einzige Kind, eine Tochter.

1919 kehrt Korczak nach Warschau zurück. Während der ganzen Zeit hat Stefania Wilczyńska »Dom Sierot« geleitet, hat die Kinder vor Hunger und Typhus-Epidemien bewahrt.
Maryna Falska geht ebenfalls nach Warschau. Korczaks Ideen begeistern sie. Sie wird ein Haus für polnische Waisenkinder gründen. Ihr Plan findet die Unterstützung der Arbeitergewerkschaft. Aber die Mittel, die von den Arbeitern aufgebracht werden können, sind weit bescheidener als die Spenden der Mäzene von »Dom Sierot«. »Nasz

Dom«, Unser Haus, wie das neue Internat genannt wird, muß sich jahrelang mit einer unzulänglichen Unterbringung in Pruszkow begnügen.
Die Not der Nachkriegszeit ist auch in den Waisenhäusern spürbar. Man ist glücklich, wenn Kohlen gespendet werden oder Kartoffeln. »Selten gab es Brot«, berichtet Maryna Falska. »Als man den Kindern einmal ausnahmsweise zum Frühstück Brot vorsetzte, verbeugte sich der kleine Janek K. ganz tief vor seiner Brotscheibe und küßte sie voll Demut.«
Über die Prinzipien von »Nasz Dom« schreibt sie:
»An die Stelle des Zwanges ist die freiwillige und bewußte Anpassung des Individuums an die Formen des Gemeinschaftslebens gesetzt worden. Es gab nicht viele Worte, keine Moralpredigten. Aufbau und Atmosphäre des Internats sollten so beschaffen sein, daß die Kinder sich wohl fühlen, daß ihnen selbst daran gelegen war, sich nach allen ihren Kräften zu bemühen, um sich zu beherrschen und zu überwinden, sich zu fügen und sich an die Ansprüche und Bedürfnisse der Umwelt anzupassen.«

Die Erzieher-Teams beider Häuser stehen in engem Kontakt miteinander. Auch die Kinder beider Anstalten sind miteinander befreundet und verbringen die Ferien gemeinsam. Das Grundkonzept ist hier wie dort »Selbstverwaltung«.
Mit diesem pädagogischen Prinzip stehen Korczak und Falska nicht vereinzelt da. In England und in den Vereinigten Staaten sind selbstverwaltete Schulgemeinschaften entstanden: die »Kleinen Republiken«. In der Nähe von Moskau entstehen die »Gorki-Kolonien« nach den Ideen von Makarenko. 1907 gründete Ovide Decroly in Brüssel die »Ecole pour la vie par la vie«. Seit 1910 gibt es die »Odenwald-Schule« in Deutschland. 1919 entsteht die erste »Waldorf-Schule« in Stuttgart.
Für die »Reformschulbewegung« gelten folgende Ziele: ein Höchstmaß an Initiative und Selbständigkeit bei den Kindern, demokratische Konfliktregelung und einträchtiges Zusammenleben. Wie alle Reformpädagogen sind auch Korczak und Falska überzeugt, daß ein Kind von sich aus zur »Selbstverbesserung« neigt, wenn man dafür die geeigneten Bedingungen schafft und es fördert. Zwang und Kör-

perstrafen sind in den Waisenhäusern verpönt. Statt dessen gibt es konstruktive Kritik und Diskussion, Anerkennung der guten Taten und Leistungen.

Für eine Gesellschaft, die immer noch gewohnt ist, daß Erziehung auf Drill und Prügelstrafe aufbaut, müssen solche Reformansätze ein rotes Tuch sein. »Kameradschaftsgericht«, »Autonomie« sind Reizworte für das Bürgertum. Korczak verwahrt sich dagegen, daß Demokratie mit Anarchie verwechselt wird:

»Jedesmal, wenn ich die Sache der Selbstverwaltung in der Schule oder im Heim angehe, bekomme ich zu hören: ›Bolschewismus!‹ Sagt einer völlig demoralisierten, durch die Erwachsenen moralisch zerstörten Kindergemeinschaft: Macht, was ihr wollt; ihr braucht nicht zu gehorchen; diktiert uns die Rechte und Pflichten.

Das ist nicht nur Bolschewismus, sondern Wahnsinn.

Aber ein Kind dafür zu bestrafen, daß es verspätet zum Unterricht kam, wenngleich der Lehrer sich ungestraft verspäten kann, das ist eine Gemeinheit. Und solche Gemeinheiten werden zu Tausenden von uns begangen.«

Der Erzieher Janusz Korczak verlangt mehr und Wichtigeres von den Kindern als Pünktlichkeit und Gehorsam: Er erwartet Gerechtigkeitsempfinden, Hilfsbereitschaft, die Entwicklung eines eigenen Willens (Autonomie) und die Fähigkeit zum Verzicht.

All das verlangt er in noch höherem Maß von den Erziehern. Und zuallererst verlangt er es von sich selbst: »An welches Beispiel sollen sie sich halten, wenn nicht an das von uns?«

»Für seine Umgebung war er die Verkörperung der Selbstdisziplin und der Ausgeglichenheit«, schreibt sein Freund Igor Newerly. »In den sechzehn Jahren meiner Beziehungen und Beobachtungen gibt es nur wenige Augenblicke, in denen Korczak in Zorn ausbrach, weil er sich in einem gereizten oder depressiven Zustand befand.«

Seinen Zorn, diesen »schweren Fehler«, bekämpft Korczak bis ins Alter. In den *Regeln des Lebens* schreibt er: »Ja, ich tu mir schwer, bis heute. Warum? Weil ich heftig bin. Ich schlage mich mit diesem meinem Fehler herum. Eine Strafe hab ich mir ausgedacht, eine Buße. Sooft ich einen Streit vom Zaun breche, muß ich mit der Straßenbahn (der Linie Null oder Pe) dreimal um Warschau herumfahren. Oder ich darf einen halben Tag lang keine Zigarette rauchen.«

Korczak ist ständig mit Arbeit überlastet. Noch Jahre nach Kriegsende betreut er die Seuchenlazarette in Lodz und Kamionek. Er veröffentlicht zahlreiche Fachartikel und hält Vorlesungen am Institut für Sonderpädagogik. Vom Warschauer Landesgericht wird er als Sachverständiger für Kinder zugezogen. Neben diesen vielen Aufgaben und Verpflichtungen leitet er die beiden Waisenhäuser, sorgt für ihre Erhaltung und überlegt unermüdlich neue Reformen – Verbesserungen – Möglichkeiten, den Kindern Freude zu bereiten.
Alles, was er von anderen verlangt, führt er zunächst selbst durch; jede Aufgabe, die er bestimmt, kennt er.
Durch Messen und Wiegen kontrolliert er die körperlichen Fortschritte der Zöglinge. Durch persönliche Gespräche, durch die schriftlichen Mitteilungen im »Briefkasten« und die Beiträge der Kinder für die »Internatszeitung« behält er den Überblick über ihre geistig-seelische Entwicklung.
Für arme Kinder, die ohne Familie aufwachsen, ist ein Stück persönliches Eigentum kostbar. Korczak hört heftige Klagen über verlorenen »Besitz«. Also richtet er die »Kleine Kiste gefundener Sachen« ein, und jedes Kind freut sich, wenn es etwas findet und in die Kiste legen kann.
Korczak will, daß den Kindern etwas eigenes Geld zur Verfügung steht. Sie sollen aber auch das Gefühl haben, daß sie das Geld verdienen. Er gibt bekannt, daß er von nun an die ausgefallenen Milchzähne ankaufen werde.
Höhepunkt des Tages ist es, wenn der Doktor Korczak ein Märchen erzählt oder eine Geschichte vorliest. Dabei beobachtet er seine Zuhörer genau. Er probiert seine Erzählungen für Kinder an ihnen aus, lernt es, spannend anzufangen und ihre Aufmerksamkeit zu fesseln.
Eine Erzieherin erinnert sich an folgende Episode:
»Es war beim Abendessen im Eßsaal. Der Doktor ging zwischen den Tischen hin und her. Er war nachdenklich. Und obwohl sein Abendessen auf dem Tisch stand, trat er an einen Tisch heran, brach ein Stück Semmel ab und ging weiter. Ich sah, daß der Junge, dem das Brötchen gehörte, lächelte und stolz war. Plötzlich begannen die Kinder wie auf Kommando dem Doktor ihre Semmeln anzubieten. Sie legten sie dicht an den Tischrand, damit er sie beim Vorübergehen

mühelos ergreifen konnte. Ich beobachtete die Kinder und den Doktor und sah ein Lächeln der Genugtuung auf den Lippen derer, von denen er ein Stück Semmel genommen hatte. Ich sah ebenfalls, daß er kein zweites Stück von demselben Kind nahm. Der Doktor wußte zu gut, wie die Kinder auf jede zufällige Geste reagieren. Er fühlte, daß er ihnen damit eine Freude machte, und wollte möglichst viele beglücken. Er spielte den Nachdenklichen, doch ich sah, wie aufmerksam er den Saal beobachtete. Er vergaß nie, daß auch die Kinder ihn stets beobachteten und daß er Erzieher war. Er war ein geborener Pädagoge. Sein Taktgefühl und sein Verständnis zu den Kindern kann man nicht einfach erlernen. Vielleicht muß man dazu geboren sein. Auf jeden Fall entspringen sie einer tief innerlichen Haltung.«
Die Kinder in den beiden Heimen sind größtenteils »problematische« Kinder. Korczak weiß, daß Schweres hinter ihnen liegt; er ahnt, wie bitter das Leben sein mag, das noch vor ihnen liegt.
»Ich kann mich an den ersten Besuch amerikanischer Gäste im Waisenhaus erinnern. Die Jungen, mit Stöcken bewaffnet, in Papierhelmen, spielten gerade Krieg. – Erstaunen bei den Gästen, eine gewisse Verlegenheit, sogar Enttäuschung. – Also ist es nicht so schlimm? Sie kannten die von uns neuerdings gemachte Entdeckung nicht: Wenn ein Kind nicht gestorben ist, nur hungrig, nur von Hunger schwach ist – dann baut es aus Stacheldraht auf einem verkohlten Balken eine Schaukel…«

In den Nächten sitzt Janusz Korczak über seinen Aufzeichnungen, trägt das Wachstum der Zöglinge ein, ihre Gewichtszunahme, Entwicklungsprofile, Prognosen des physischen und psychischen Fortschritts; bedeckt Stöße von Papier mit Eintragungen – in der Hoffnung, diese minutiösen Angaben mögen einst ein wertvolles wissenschaftliches Resultat erbringen.
Das ist die Arbeit seiner Nächte. Von seinen Fenstern sieht er auf die Schlafsäle der Jungen und Mädchen. Stefania Wilczyńska und er sind von Bett zu Bett gegangen und haben den Kindern eine gute Nacht gewünscht.
»Da schlafen sie nun, und jedes hat ein Vergehen auf dem Gewissen, und sei es auch nur ein abgerissener Knopf, den es nicht angenäht

hat. Wie ist das alles geringfügig unter der Perspektive des bedrohlichen Morgens, wo ein Fehler sich manchmal mit der Vernichtung eines ganzen Lebens rächen kann.

So ungefährdet liegen sie da und so still.

Wohin soll ich euch führen? Zu großen Ideen, bedeutsamen Taten? Oder soll ich euch lediglich den Weg weisen zur Erfüllung notwendiger Pflichten, ohne die die Gesellschaft euch ausschließt, damit ihr wenigstens eure Würde bewahren könnt? Habe ich wohl das Recht, für dieses bißchen Nahrung und Betreuung einiger weniger Jahre euch zu befehlen, von euch etwas zu fordern oder gar zu wollen? Vielleicht ist für jeden von euch der eigene Weg – und wenn es auch der allerschlimmste wäre – der einzig richtige?«

Ein Kind schluchzt sich in den Schlaf. Korczak hat vergeblich versucht, es zu trösten.

»Ich kenne dieses Weinen, das ist er. So viele Kinder, so viele verschiedene Arten von Klagelauten gibt es – vom leisen, zurückhaltenden Weinen über launisches, unaufrichtiges Heulen bis hin zu dem gellenden Lamentieren der nackten Unverschämtheit.

Es tut mir leid, wenn ein Kind weint; aber das Schluchzen dieses einen, das tränenerstickte, hoffnungslose, unheilverkündende, erweckt das Gefühl grauenvoller Beklommenheit...

Es gibt bisweilen Kinder, die noch nicht einmal zehn eigene Lebensjahre zählen, aber das Gewicht vieler Generationen mit sich schleppen. In ihren Gehirnwindungen staut sich die blutige Qual vieler schmerzensreicher Jahrhunderte, und aus unmerklichem Anlaß entlädt sich die in ihrer Veranlagung verborgene Gewalt von Schmerz, Leid, Zorn, Empörung, und man gewinnt den Eindruck, daß zwischen dem geringfügigen Anlaß und der stürmischen Reaktion ein beträchtliches Mißverständnis besteht. Das ist nicht das Kind, das hier weint, das sind Schmerz und Sehnsucht von Jahrhunderten, die hier wehklagen – nicht weil das Kind in der Ecke hat stehen müssen, sondern weil es unterdrückt, gejagt, schnöde behandelt und verbannt war. Politisiere ich? Nein, ich finde nur keine Antwort, und ich frage weiter...«

Das Märchen vom König Hänschen

1923 wird Janusz Korczak bekanntestes Kinderbuch veröffentlicht: Das Märchen von *König Hänschen*. Es beginnt wie andere Märchen auch: Ein guter alter König stirbt, und sein kleiner Sohn folgt ihm auf den Thron.
Da auch die Mutter tot ist, hat König Hänschen niemanden, der ihn liebt. Er hat keine Geschwister, keine Freunde, nur einen »Ministerrat«. Aber statt den Sitzungen seiner Minister beizuwohnen, würde er viel lieber in den Park laufen und mit anderen Kindern spielen.
Hänschen erwartet sich von der Welt jenseits der Schloßmauern wunderbare Dinge – so wie einst der kleine Henryk Goldszmit von »draußen« wunderbare Dinge erwartet hat. Gefunden hat er Elend und Gemeinheit – und die »Kinder der Straße«.
Ganz ähnlich ergeht es König Hänschen. Zunächst scheint es kein Entrinnen aus dem Goldenen Käfig zu geben. Doch dann wird seinem Land von den Nachbarländern der Krieg erklärt. Damit sieht Hänschen die Möglichkeit zur Flucht gekommen: Mit Hilfe von Fritz, dem Sohn des Schloßgärtners, verläßt er heimlich den Palast, und die beiden schlagen sich zu den Truppen an die Front durch.

König Hänschen ist nicht einfach ein Buch »gegen den Krieg«, sondern über die Schwierigkeit, ja Unmöglichkeit des Friedens. Während König Hänschen die Greuel an der Kriegsfront erlebt: Hunger, Schmutz, Müdigkeit, Todesangst – läßt die Regierung eine Puppe anfertigen, die genauso aussieht wie der kleine König. Sie wird durch die Straßen der Hauptstadt gefahren und hebt winkend die Hand. Der Puppenfabrikant, der den Auftrag erhielt, hat zuerst über Arbeitsüberlastung geklagt: alle seine Arbeiter seien in den Krieg gezogen... »Der Fabrikant log wie gedruckt«, schreibt Janusz Korczak. »Keiner seiner Arbeiter war in den Krieg gezogen, weil er ihnen für die Arbeit so wenig bezahlte, daß sie alle vor Hunger krank waren und zum Kriegsdienst untauglich. Und Bestellungen hatte er gar keine. Er sagte das nur so, weil er viel Geld herausschlagen wollte.«
Korczak macht von Anfang an klar: Kriege werden nicht nur an der Front geführt.

Hänschens Armee gelingt es schließlich, die Angreifer zu besiegen. König Hänschen wird als Held gefeiert. Von nun an will er nicht mehr die Marionette seiner Minister sein. Er möchte Gutes und Nützliches tun. Als erstes läßt er an die Kinder seines Landes Schokolade verteilen. Außerdem beschließt er, in seiner Hauptstadt einen Zoo anzulegen.
Nach dem Friedensschluß macht Hänschen Staatsbesuche rundum. Da entdeckt er etwas viel Interessanteres als einen Zoo: Einer der Könige, er wird der »Traurige König« genannt, hat in seinem Land ein Parlament eingerichtet. Hier können Abgeordnete des Volkes über Gesetze abstimmen. »König ist man nicht, um eine Krone zu tragen, sondern um der Bevölkerung seines Staates ein glückliches Leben zu schenken«, sagt der Traurige König zu Hänschen. »Und wie soll man dieses glückliche Leben schaffen? Man führt die verschiedensten Reformen durch.«
Hänschen weiß jetzt, was er werden will. Er will ein »Reformator« werden. Seinem Volk will er ein Parlament geben, außerdem will er Krankenhäuser und Heime für Kinder bauen und die armen Untertanen im Sommer aufs Land schicken. Und einen Tiergarten will er obendrein anlegen. Bum Drum, der König von »Menschenfresserland«, lädt Hänschen ein, zu ihm in den Busch zu kommen und sich die seltensten Tiere für seinen Zoo auszusuchen.
Hänschen fährt hin und schließt Freundschaft mit Häuptling Bum Drum und der Häuptlingstochter Klu Klu, die so lieb und klug ist, daß alle, auch die weißen Menschen, sie ins Herz schließen müssen. Hänschen wird von den gastfreundlichen Menschenfressern mit Gold und Silber beschenkt, so daß er nun nicht nur ein sieghafter, sondern auch ein reicher König ist. Nach seiner Rückkehr wird er alle seine Pläne durchführen können.
Schnell hat sich die Milde von König Hänschen herumgesprochen. Von den Kindern seines Landes bekommt er waschkörbeweise Briefe – Dankesbriefe, Bittbriefe –, aus diesen Briefen erst erkennt Hänschen, was die Kinder wirklich wollen und brauchen. Viele brauchen ein Paar Schuhe nötiger als Schokolade.
Hänschen führt Kinder-Audienzen ein. Mehr und mehr lernt er die Zusammenhänge zu begreifen. Außerdem liest er bis in die Nacht hinein dicke Bücher. Und schließlich faßt er einen merkwürdigen

Beschluß: Von nun an soll es in seinem Land zwei Parlamente geben: eines für Erwachsene und eines für Kinder.
»Im Kinderparlament war alles genauso eingerichtet wie im Parlament der Großen, nur waren die Türklinken weiter unten angebracht, damit auch die allerkleinsten Abgeordneten die Türen öffnen konnten. Die Stühle waren niedriger, damit die Kinder nicht mit den Beinen baumeln mußten. Und auch die Fenster waren weiter unten, damit sie auf die Straße hinausschauen konnten, wenn die Sitzung einmal nicht sehr interessant war.«
Aber kaum sind die Parlamente eingerichtet, da wird von den Nachbarn schon wieder der Krieg erklärt. Als Grund wird angegeben, man könne keinen König dulden, der mit Schwarzen und Menschenfressern befreundet wäre.
Hänschen unternimmt es, Bum Drum vom Menschenfressen abzubringen, und der Häuptling läßt den alten Brauch abschaffen. Daß es im Busch noch andere schwarze Völker gibt, die noch viel wilder sind, dagegen kann er nichts tun.
König Hänschen organisiert eine Friedenskonferenz, damit die Herrscher sich endlich alle vertragen. Aber in seinem Herzen ahnt er, daß nicht seine Freundschaft mit Bum Drum der Grund für die Kriegserklärungen war, sondern Machthunger, Habgier, Wirtschaftsinteressen, Angst um die eigene Sicherheit und Aggressionen. Alle streben den Krieg an. Einen Friedensstifter will eigentlich niemand.
Hänschen hat bereits einen Sabotageakt und einen Mordanschlag überlebt. Was immer er tut und sagt, es wird von Spionen und Kriegshetzern verdreht und entstellt, so daß sogar der Traurige König sich enttäuscht von ihm abwendet.
König Hänschen muß erkennen, daß er von Heuchlern und Verrätern umgeben ist.
Dazu kommt, daß sein Lieblingsprojekt, das Kinderparlament, von Anfang an überhaupt nicht funktioniert. Die Abgeordneten fangen immer gleich zu raufen an, statt zu diskutieren, und als Folge davon werden einige von ihnen von ihren Müttern nicht mehr zu den Parlamentssitzungen gelassen.
Hänschen ist empört. »Das ist ein Übergriff! Ein Abgeordneter ist immun, und man darf ihm daheim nicht verbieten, zu Sitzungen zu gehen. Wie kann da Ordnung herrschen? Wenn er zum Abgeordne-

ten gewählt wurde, dann muß er auch zur Beratung kommen. In der Schule kriegt er doch auch mal eine aufs Dach, und doch werden ihm seine Eltern nicht verbieten, in die Schule zu gehen!«

So beginnt der Streit zwischen Kindern und Erwachsenen. Aber das ist erst der Anfang.

Auch in den anderen Königreichen wollen die Kinder auf einmal ihr Parlament haben. Sie marschieren durch die Straßen und tragen eine grüne Fahne vor sich her: die Fahne von König Hänschen.

Die Zeitungen schreiben: »Es wird nicht lange mehr dauern, da werden alle Kinder der ganzen Welt die grüne Fahne tragen. Und dann werden die Kinder begreifen, daß sie sich besser nicht verprügeln sollten, und Ordnung wird herrschen. Und alle Menschen werden sich untereinander lieben. Und es wird überhaupt keine Kriege mehr geben. Denn wenn die Menschen als Kinder lernen, sich nicht zu prügeln, dann werden sie sich auch später nicht prügeln, wenn sie groß sind.«

Einstweilen aber ist man von diesem Ziel noch weit entfernt. Das Kinderparlament wird immer übermütiger, verlangt, daß Erwachsene und Kinder die Rollen tauschen sollen: Die Erwachsenen sollen zur Schule gehen, die Kinder die Geschäfte führen. Das wahnwitzige Experiment geht natürlich schief: Die Kinder versagen kläglich, Wirtschaft und Verwaltung brechen zusammen, Telefon und Verkehr funktionieren nicht mehr.

Hänschen erfährt von den Katastrophen erst, als es zu spät ist. Die Wahrheit ist ihm konsequent vorenthalten worden. Statt dessen haben die Zeitungen fingierte Erfolgsberichte gebracht.

Hänschens bester Freund ist Fritz, der Gärtnersohn. Nach dem Krieg hat er ihn zu seinem Adjutanten befördert. Inzwischen hat Fritz sich korrumpieren und erpressen lassen. Auch er hat Hänschen fortwährend belogen und betrogen.

Erneut mobilisieren die ausländischen Könige ihre Truppen. Nur der Traurige König will König Hänschen nicht angreifen. Um die Stimmung anzuheizen, werden Flugschriften verbreitet, die den Anschein erwecken sollen, als würde Hänschen die Kinder zur Revolution aufhetzen: »Ich schenke euch die Freiheit«, heißt es auf so einem gefälschten Pamphlet, »also helft mir und macht auf der ganzen Welt Revolution.«

Nun ist auch der Traurige König dafür, daß Hänschen abgesetzt wird. Bis zuletzt leistet König Hänschen heldenhaft Widerstand gegen die in die Hauptstadt einrückenden fremden Truppen. Gegen seinen Befehl kapituliert das Heer. Jemand hißt eine weiße Flagge. König Hänschen aber will sich nicht ergeben. Er verschanzt sich im neugeschaffenen Zoo, flüchtet in einen der Glaskäfige. Die Feinde umzingeln ihn. Als wäre Hänschen ein wildes Tier, wird der Käfig mit Schlafgas bombardiert.

»Wie Regen sah das aus. Irgendeine kalte Flüssigkeit schlug so stark gegen die Scheiben, daß einige Sprünge bekamen. Dann war es wie Nebel oder Rauch. In Mund und Nase hatte er einen süßlich beklemmenden Duft und Geschmack. Hänschen wußte selber nicht, war das nun angenehm oder nicht. Er griff nach seinem Gewehr, denn er dachte, dies wäre eine List. Aber die Hände wurden ihm auf einmal bleischwer; er strengte seine Augen an, um die Wolke mit dem Blick zu durchdringen und festzustellen, was eigentlich los war.

›Aufpassen!‹ rief er mit letzter Kraft.

Immer schneller schnappte er nach Luft. Die Augen fielen ihm zu. Das Gewehr entglitt seiner Hand. Hänschen bückte sich, um es wieder aufzuheben, aber er konnte nicht mehr hochkommen.

Alles wurde ihm ganz gleichgültig. Er vergaß, wo er sich befand. Er schlummerte ein.«

Der bewußtlose König wird ins Gefängnis gebracht und von den Siegern zum Tod verurteilt. Kurz vor der vermeintlichen Hinrichtung erfährt er, daß seine Strafe umgewandelt ist in Verbannung auf eine unbewohnte Insel.

Während seiner Deportation gelingt Hänschen die Flucht. Fieberhaft wird im Königreich nach dem Verschwundenen gefahndet. Alle Jungen in Hänschens Alter werden festgenommen – auch er selbst natürlich. Mit einer Gruppe von Kindern wird er in einem Waisenhaus interniert, ohne daß ihn jemand erkennt. Wegen seines zarten Aussehens wird Hänschen sogar für ein Mädchen gehalten.

Der Waisenhausdirektor verwahrt sich gegen die Unterstellung, König Hänschen könne sich bei ihm versteckt halten:

»›Für mich ist dies alles eine sehr unangenehme Überraschung. Meine Herrschaften, ich bin ein gelehrter Erzieher, ich habe viele kluge Bücher über Kinder geschrieben. Eins trägt den Titel: *365*

Arten, den Kindern das Lärmen abzugewöhnen. Dann habe ich ein zweites Buch geschrieben: *Was ist besser, Blech- oder Hornknöpfe?* Mein drittes pädagogisches Buch heißt: *Die Schweinezucht in den Internaten.* Sie müssen nämlich wissen, daß überall dort, wo es viele Kinder gibt, große Mengen von Kartoffelschalen und Abwaschwasser anfallen. Und das darf doch nicht verkommen. In meinem Internat wird selbst aus einem ganz mageren Ferkel ein ausgezeichnetes Schwein. Ich habe zwei Silbermedaillen bekommen. Ich brauche ein Kind nur einmal anzuschauen, dann weiß ich, was es wert ist. Ich erkenne das am Gesicht, an den Augen, an allem. Schauen Sie bitte nur einmal dieses kleine Mädchen an…‹
Und der Direktor zeigte auf das am Tisch stehende Hänschen. ›Schauen Sie sich ihr heiteres Gesicht und ihre verständigen Augen an. Sie ist noch nicht lang da, aber ich kenne sie schon durch und durch; ihre kleine Seele birgt für mich keine Geheimnisse. Ich kann jeden ihrer Gedanken lesen, als hätte ich ihn in der Hand.‹ Der Direktor legte eine Hand auf Hänschens Kopf…«
Hänschen entdeckt, daß auch die Waisenhauskinder heimlich auf König Hänschen schwören und daß sogar sie eine grüne Fahne besitzen.
Nicht nur in diesem Land, auch in den anderen Ländern benehmen die Kinder sich aufrührerisch, selbst die Töchter und Söhne der Könige. Eine internationale Konferenz wird einberufen, um zu beraten, was man mit den rebellischen Kindern tun soll.
Hänschen beschließt, dort zu erscheinen und dazu beizutragen, dem allgemeinen Unfrieden ein Ende zu machen.
Die versammelten Könige sind völlig perplex, als er plötzlich vor ihnen steht. Hänschen könnte ihre Überraschung als Vorteil für sich ausnützen. Wenn er seine Sache klug und geschickt vertritt, könnte er sogar seinen Thron zurückgewinnen.
Aber er will nicht mehr kämpfen. Seit er zurückdenken kann, hat er Treulosigkeit und Gemeinheit erfahren. Die einzige, die ihm unbeirrt zur Seite stand, ist seine schwarze Freundin Klu Klu. Auch der Traurige König ist wieder auf seiner Seite. Als er merkt, wie niedergeschlagen Hänschen ist, versucht er, ihm Mut zu machen:
»›Wach auf, Hänschen. Denk: Du hast nur noch diesen einen Tag, das ist der letzte.‹

Hänschen saß da, den Kopf in der Hand. Er seufzte tief auf, einmal und noch einmal.
›Und wozu brauche ich Siege?‹ fragte er flüsternd.
›Du brauchst sie nicht, Hänschen, aber auf deinen Sieg warten die Kinder der ganzen Welt. Sie vertrauen dir.‹...«
Und Hänschen erringt noch diesen einen Sieg. Seine Verurteilung wird aufgehoben. Man wird über die Rechte der Kinder verhandeln. An diesem Punkt der Konferenz geschieht etwas Schreckliches: Klu Klu stürmt die Versammlung mit einer Schar der »wildesten aller Menschenfresser«, solchen, die noch ganz und gar unzivilisiert sind. Klu Klu hat geglaubt, Hänschen würde hier gefangengehalten, und will ihn befreien. Im letzten Augenblick kann Bum Drum das Mißverständnis aufklären. Aber damit ist das Unheil nicht abgewendet. Bei der darauffolgenden Versöhnungsfeier verspeisen die Schwarzen ein paar Gäste – ganz ohne böse Absicht, nur aus Appetit. Eine Katastrophe. »Bist du mir böse, Hänschen?« fragt Klu Klu.
»›Liebe Klu Klu, nicht ich, ihr habt Grund, böse zu sein. Wenn ich nicht gewesen wäre, lebtest du heute noch ruhig in Bum Drums Land.‹
›Hänschen, was redest du für Unsinn? Es ist doch gerade das größte Glück zu leben, zu arbeiten und zu kämpfen, damit es auf der Welt besser wird.‹
Hänschen seufzt. ›Arbeite nur, Klu Klu.‹
›Und du?‹
›Ich fahre auf die einsame Insel.‹«
Nominell bleibt Hänschen König seines Landes. Aber er geht freiwillig in die Einsamkeit. Sein Volk soll von einem Präsidenten regiert werden. Er selbst will nachdenken.
Und nun tut er nichts anderes mehr als nachdenken. »›Heute hab ich über das Wasser nachgedacht‹, schreibt er in sein Tagebuch. ›Es kann entweder Wasser sein, aber wenn es heiß wird, verwandelt es sich in Dampf, und bei Kälte wird es zu Eis. Was ist es nun eigentlich wirklich: Dampf, Wasser oder Eis? Vielleicht ist es auch mit dem Menschen so, daß er sich ständig verändert.‹«
Hänschen freundet sich mit den Kindern des Leuchtturmwärters an und spielt mit ihnen. Er entdeckt die Welt der kleinsten Kinder und macht sich zum erstenmal auch über sie Gedanken.

»›Da will ich nun König der Kinder sein‹, denkt Hänschen, aber von den kleinen Kindern weiß ich gar nichts. Ich hab vergessen, wie das war, als ich klein war! Sicher haben auch die Erwachsenen alles vergessen und wollen den Kindern darum keine Rechte geben.‹«
Hänschen erkundet seine einsame Insel. Eines Tages verirrt er sich. Kommt zu einer Lichtung, auf der er noch nie gewesen ist. Hier steht ein Turm, und Hänschen geht neugierig hinein.
»Im Innern des Turmes sieht er sieben Leitern, eine über der anderen, auf hervorstehende Steine gestützt. Jede Leiter hat sieben Sprossen. Die Sprossen der unteren Leiter sind dicht beieinander, so daß man leicht hinaufsteigen kann, aber je höher man gelangt, desto weiter sind die Sprossen voneinander entfernt. Wenn jemand hinaufklettern will, hat er es immer schwieriger. Und das ist noch nicht alles: Die unteren Sprossen der ersten Leiter sind dick und fest, je höher, desto dünner werden sie. Wenn man darauf tritt, müssen sie wohl zerbrechen....
Hänschen schaut sich um, ganz oben sitzt jemand – ein Mensch – er trägt einen Mantel aus grauem Leinen, um den ein Strick gegürtet ist.
Schon steigt er herab. Das geht schnell – aber wie er das macht, weiß Hänschen nicht; denn der Mantel verdeckt die Sprossen. Geschickt gleitet er abwärts, als flöge er, man sieht auch nicht, daß er auf die Sprossen tritt; sie hätten ja auch zerbrechen müssen.
Hänschen versteht nichts, alles geht so schnell, so plötzlich – in einem Augenblick. Und nun steht vor Hänschen ein alter Wanderer mit sehr langem Bart. Er blickt Hänschen an, aber mit so furchtbar traurigen Augen, wie selbst der Traurige König ihn nicht angeschaut hat.
Und ganz unversehens schießt Hänschen der Gedanke durch den Kopf: Das ist ein Reformator, der es nicht geschafft hat.«
Als Hänschen aufwacht und sich am Ufer neben seinem Boot findet, glaubt er an einen Traum, aber später wächst die Gewißheit, daß es kein Traum war.
Auch sonst wird ihm jetzt oft ein seltsamer Zustand der Gewißheit zuteil:
»Er sah, wußte und begriff alles. Und ihm war so still und traurig ums Herz und doch angenehm, daß er nun alles auf der Welt wußte. Häns-

chen wußte, daß die schwarzen Könige mit den weißen im Krieg lagen, er wußte, daß sein Land auf seine Rückkehr wartete, er wußte, daß der Traurige König sich mit dem Jungen König wieder streiten würde – und er wußte, daß es ihm viel schlechter gehen würde als jetzt, viel schlechter. So viel Leid wartete noch auf Hänschen – und dann der Tod. Hänschen würde Klu Klu nicht heiraten. Aber das alles wußte Hänschen nicht aus den Zeitungen, nicht aus Büchern. Woher dann? Ein wenig vom Friedhof, ein wenig vom einsamen Turm, ein wenig aus sich selbst, aber alles von Gott.«

Janusz Korczak ist 45 Jahre alt, als er *König Hänschen* verfaßt. Das sechste Jahrsiebt seines Lebens hat er hinter sich gebracht. In seinen *Erinnerungen* hält er die Stimmung dieses Lebensabschnittes fest: »Ist es vielleicht schon soweit, oder bleibt noch Zeit? Das hängt ganz davon ab. Machen wir also Bilanz. Soll und Haben. Wenn man wüßte, wie viele Jahre noch, wann das Ende kommt.
Noch spüre ich den Tod nicht in mir, aber ich mache mir schon Gedanken über ihn.«
Gedanken vom Friedhof, Gedanken vom einsamen Turm – der alte Mann, der auf sieben Leitern mit sieben Sprossen steht – desto schwerer zu erklimmen, je höher man steigt...
Es ist naheliegend, daß die sieben Sprossen die Abschnitte von sieben Jahren bedeuten, in die Korczak sein Leben einteilt. Aber warum spricht er von Scheitern? Wie viel hat er selbst vorausgesehen? Welche Vision zeichnet sich ab in der Gestalt des »Reformators, der es nicht geschafft hat«?
Symbolisch wird im Märchen von König Hänschen die Kindheit von Henryk Goldszmit heraufbeschworen. Die Mauer von Verboten wird zur Palastmauer, die den kleinen König vom Volk und vom Leben trennt. Viel zu früh stirbt der geliebte Vater/König; sein Tod jedoch sprengt den Goldenen Käfig.
Auch der Tod des Kanarienvogels wird zu einer Episode im Märchen. Der Vogel ist das einzige, das König Hänschen in sein Exil mitnimmt. Auf der einsamen Insel begräbt er ihn, als er stirbt. Diese Kindheitserinnerung ist für immer verbunden mit der Erinnerung an erste Todesfurcht. Tod – Dunkelheit – das schwarze jüdische Paradies...

Als Korczak viele Jahre nach *König Hänschen* seine *Erinnerungen* aufschreibt, quälen ihn Alpträume. Einmal sieht er sich hoch oben auf einer Leiter. Unter sich sieht er den Vater, der so gierig Kuchen in sich hineinstopft, daß die Krümel ihm aus dem Mund fallen. Sind die Rollen vertauscht? Ist der Vater zum Kind geworden? Und im Himmel oben ist niemand? Kein Vater? Niemand, an den zu denken trostreich ist?

Auf der höchsten Sprosse der Leiter, am Ende des Lebens, ist Henryk ganz allein.

Janusz Korczak, der Dichter des *König Hänschen,* blickt in die Vergangenheit und in die Zukunft. Er selbst ist der kleine König – »wie alle Kinder, ein Dichter und Philosoph«. Er ist der Traurige König – ein Mann, der selbst keine Kinder hat, aber doch jederzeit für sie eintritt. Er ist auch der alte Mann vom Turm, der Wanderer mit den traurigen Augen...

Auf geheimnisvolle Weise schließt das Märchen sein ganzes Leben ein. Was war, was ist, und was sein wird.

Da ist die Vision der Kinder, die hinter einer grünen Fahne gehen. Da ist das Bild des besiegten Königs im Käfig, der wie ein Tier behandelt wird: Betäubt vom eindringenden Gas, verliert er das Bewußtsein.

Da ist am Ende die Maschine, in die König Hänschen geraten ist – Metapher für den seelenlosen »Herrschaftsapparat« der Nationalsozialisten.

Rückzug, Exil – auch das ist ein Weg, den Korczak Jahre später in Betracht ziehen wird. Aber er wird schließlich zu seinen Kindern zurückkehren und bei ihnen bleiben. So, wie auch König Hänschen seine einsame Insel wieder verläßt. Hänschen tut es, um den schwarzen Kindern zu helfen, die durch den Krieg zwischen Weißen und Schwarzen in große Not geraten sind.

Klu Klu führt Hänschen durch ein riesiges Kinderlager. Es ist ein schrecklicher Anblick. »Überall weinten und ächzten die Kranken. Sie waren zu schwach, um weiterzuziehen. Und hierzubleiben bedeutete den sicheren Tod.«

Auch die Verwirklichung dieser Vision wird Janusz Korczak nicht erspart bleiben.

Mit Hilfe des Internationalen Roten Kreuzes organisiert König

Hänschen Lebensmittel und medizinische Betreuung. Seine Hilfsaktion erregt weltweites Aufsehen.
Noch einmal schlagen seine Feinde zu. Hänschen wird entführt und in ein Gefängnis gebracht, ohne daß die Öffentlichkeit davon erfährt. Er gilt als vermißt, während er in Wirklichkeit mit Hilfe des Gefängniswärters flüchtet und sich durchschlägt – quasi eine Untergrund-Existenz führt.
Erst als neuerlich ein Krieg droht – sein unerbittlichster Gegner, der Junge König, hat ihn angezettelt –, kehrt Hänschen schweren Herzens in die Hauptstadt zurück. Er trägt die Verantwortung für sein Volk. Und noch einmal gelingt es ihm, einen Krieg zu verhindern. Der Junge König kapituliert und ergibt sich ihm. Hänschen will die Regentschaft nicht mehr. Und er kehrt auch nicht an den Hof zurück. Er bezieht eine bescheidene Wohnung in der Stadt. Von nun an wird er wie seine Untertanen in die Fabrik gehen und arbeiten.
Eines Tages taucht ein Gespenst von früher auf: Sein ehemaliger Freund Fritz, der völlig heruntergekommen ist, bittet um Hilfe. Fritz ist hungrig, verwahrlost, obdachlos. Hänschen läßt ihn gern bei sich wohnen. Er vermittelt ihm Arbeit in der Fabrik. Aber Fritz hat keine Lust, sich zu plagen. Er arbeitet höchst unzuverlässig und braust leicht auf.
In der Fabrik kommt es eines Tages zu einer heftigen Auseinandersetzung zwischen Fritz und dem Werkmeister. Hänschen versucht, die Streitenden zu trennen. Dabei wird er von Fritz weggestoßen und gerät in eine laufende Maschine.
Eilig wird Hänschen ins Krankenhaus transportiert. Aber dort stirbt er an seinen schweren Verletzungen.
»Und schon wußte die ganze Stadt, daß Hänschen tot war.
Und das ganze Land.
Und die ganze Welt.«

Die Wirklichkeit

Im Buch von *König Hänschen* ist auf Wunsch des Verfassers eine Fotografie des kleinen Henryk Goldszmit abgebildet. Der Leser sieht einen nachdenklich blickenden Jungen in feinem Anzug mit Schleife am Kragen.

»Als ich noch so aussah wie auf dieser Fotografie«, schreibt Janusz Korczak in der Einleitung, »da wollte ich selbst all das tun, was hier geschrieben steht. Aber dann hab ich es vergessen, und heute bin ich zu alt.«

Die Anmerkung des Autors ist nur zum Teil wahr. Vieles von dem, was der kleine König tun wollte – was der kleine Henryk erträumte, hat Korczak auch wirklich vollbracht, wenn auch nur für »seine Kinder«, die Kinder der Waisenhäuser. Ihnen gab er ein Parlament und einen eigenen Gerichtshof, Geborgenheit und grüne Wiesen, auf denen sie im Sommer spielen konnten. Und vielen anderen Kindern in Warschau und Polen gab er eine Stimme, indem er eine eigene Zeitschrift für sie schuf und eine eigene Rundfunksendung, in der sie zu Wort kamen.

Und den Kindern der ganzen Welt gab er eine Legende, deren Symbol die grüne Fahne ist.

In der Einleitung schreibt Korczak: »Ich habe weder die Zeit noch die Kraft mehr, um Kriege zu führen oder zu den Menschenfressern zu fahren.« – In Wirklichkeit aber hat er noch zwanzig Jahre gekämpft. Zuletzt um Brot für seine Kinder. Und zu den Menschenfressern brauchte er nicht zu fahren, die kamen zu ihm.

Sein Buch sei nur für Kinder, nicht für Erwachsene bestimmt, sagt Korczak; aber ist es denn eine geeignete Literatur für Kinder?

Kriege; Staatsverträge, die gebrochen werden; ein Parlament, das nicht funktioniert; Politiker, die unfähig und korrupt sind; ein Journalismus, der zynisch belügt; ein scheiternder Held, der erleben muß, wie seine guten Absichten entsetzliche Auswirkungen haben…

Und was sind das überhaupt für Abenteuer: Reformen – Parlamentssitzungen – Regierungskonferenzen?

Die Wirklichkeit der Kinder, für die Korczak das Märchen vom

König Hänschen schrieb, ist das Polen nach dem Krieg. Hundertfünfzig Jahre lang ist die Nation geteilt und besetzt gewesen von Österreich, Preußen, Rußland. Am Ende des Weltkrieges sind Deutschland und Österreich besiegt, der Zarismus ist durch die Oktoberrevolution und den darauffolgenden Bürgerkrieg vernichtet. Die Voraussetzung zur Bildung eines unabhängigen polnischen Staates sind endlich gegeben. Mit Polens nationaler Befreiung verbinden sich hochfliegende Erwartungen: Durchsetzung der Rechte der polnischen Arbeiter auf angemessenen Lohn und Sozialleistungen; eine Agrarreform, die die Not der Landbevölkerung beseitigt[5]; Anerkennung der Rechte der nationalen Minderheiten, der Ruthenen, Litauer, Juden, auf die eigene Sprache und Kultur und eine Vertretung im Parlament.
Auf den Trümmern der österreichisch-ungarischen Monarchie, Preußens und des zaristischen Rußlands wird 1918 der polnische Staat gegründet. Josef Pilsudski, Führer der Polnischen Sozialistischen Partei, der die Mehrheit der Industriearbeiterschaft angehört, wird Regierungschef. Im Januar 1919 finden die ersten Wahlen zum »Sejm«, dem polnischen Parlament, statt.
Aber noch bis 1921 dauert der Krieg mit Sowjetrußland, noch drei Jahre lang ist die polnische Erde ein Schlachtfeld, über das die Reiterarmee des Generals Budjonny fegt. Nach dem Sieg Pilsudskis an der Weichsel wird endlich die polnisch-russische Grenze festgelegt.[6] Am 17. März 1921 geben die Polen sich eine demokratische Verfassung nach französischem Muster. Den nationalen Minderheiten wird volle Gleichberechtigung garantiert. Die Sprachen des Landes sind: Polnisch, Ukrainisch, Weißrussisch, Deutsch, Jiddisch und Litauisch.[7]
Die Schwierigkeiten des jungen Staats sind ungeheuer. In den ehemals deutschen, russischen und österreichischen Provinzen gibt es drei verschiedene Wirtschafts- und Finanzsysteme, verschiedene Straf- und Zivilrechtssysteme, verschiedene Bildungssysteme. Sie alle sollen auf einen – möglichst den besten – Nenner gebracht werden. Die 1920 beschlossene Bodenreform wird nur halbherzig durchgeführt und überdies durch die schlechten Finanzverhältnisse des jungen Staates beeinträchtigt. Die parlamentarische Regierung ist machtlos gegen die Inflation, die vor allem den bürgerlichen Besitzstand stark angreift.

Die Gegensätze und Feindseligkeiten zwischen den Parteien wachsen. 1922 wird der erste Präsident der parlamentarischen Republik, Gabriel Narutowicz, der mit den Stimmen der »Minderheiten« im Parlament gewählt worden war, durch den nationaldemokratischen Politiker Niewiadomski ermordet. In der Folge kommt es zu einem Rechtsruck in der Regierung. 1923, im Erscheinungsjahr von *König Hänschen*, reicht Pilsudski, Nationalheld und Sieger über die sowjetische Armee, seinen Rücktritt ein. Sein Rückzug aus der Öffentlichkeit wird zu einem Symbol für den Sieg der »National-Demokratie«; die Linke geht in die Opposition.
In den folgenden Jahren verschärfen sich die ökonomischen und sozialen Schwierigkeiten noch durch die Weltwirtschaftskrise. Dazu kommt die Eigentümlichkeit der polnischen Wirtschaft: Seiner Industrie fehlt der riesige russische Absatzmarkt. Seit 1925 führt Deutschland, das mit den Friedensverträgen unzufrieden ist, einen Zoll- und Handelskrieg gegen Polen, der die wirtschaftliche Krise noch verstärkt.[8)] Korruptions- und Unterschlagungs-Affären von Parteifunktionären und Parlamentariern werden bekannt und führen zu einer antidemokratischen Stimmung in der Öffentlichkeit.
1926 gipfelt die Krise in einem Staatsstreich: Josef Pilsudski marschiert mit ihm ergebenen Militärtruppen in Warschau ein, das er nach heftigen Kämpfen einnimmt. Sein Programm ist die »moralische Diktatur«, um die Mißstände zu beseitigen. Er will Polen einer »Gesundung« zuführen, und seine Regierung wird »sanacja« – »Gesundungs-Regime« genannt.
Auf den Militärputsch folgt das Ausschalten der Opposition. Als sich 1930 sowohl die Bauernparteien wie die Sozialisten gegen das Sanacja-Regime zusammenschließen, werden ihre Führer als Hochverräter verhaftet und auf der Festung Brest-Litowsk eingekerkert.

Für die Kinder dieser Zeit ist Frieden nur ein Wunschtraum. Und so schreibt ihnen Janusz Korczak ein Märchen von der Suche nach Demokratie und Einigkeit. Aber die Suche bleibt ohne Erfolg. Es gibt nur Enttäuschung und Niederlagen. Und es gibt keine klare Trennung zwischen Gut und Böse, wie in anderen Märchen. Denn die Menschen sind einmal Dampf, einmal Wasser, einmal Eis...

Janusz Korczak hat mit *König Hänschen* ein Märchen geschrieben, das die Kinder anleiten soll, die Wirklichkeit zu sehen.
Schon 1919 und 1920 verfaßte er für die Zeitschrift *In der Sonne* eine Artikelserie für Kinder: *Was geht in der Welt vor.* Darin schrieb er über die Friedenskonferenzen nach dem Weltkrieg, über die Wahlen und über den wiedererstandenen »Sejm«, die alte polnische Volksvertretung.
1926 kann Korczak einen langgehegten Wunsch verwirklichen: Die Zeitung *Unsere Rundschau* räumt ihm Platz für eine Kinderbeilage ein. *Die kleine Rundschau* wird gegründet und von Korczak mit folgenden Worten angekündigt:
»Unser Blatt wird alle Fragen der Schüler und Schulen behandeln und wird der Verteidigung der Kinder dienen. Die Zeitschrift wird achtgeben, daß alles gerecht zugeht.
Wir haben drei Redakteure. Einen alten (kahlköpfig, mit Brille), der dafür zu sorgen hat, daß es kein Durcheinander gibt. Dann einen jungen Redakteur für die Burschen und ein Mädchen als Redakteurin für die Mädchen, damit niemand zurücksteht und jeder offen und laut sagt, wo ihn der Schuh drückt, was er für Sorgen und Kummer hat. Man kann hierher kommen und an Ort und Stelle in der Redaktion schreiben. Die ständigen Mitarbeiter werden ihre eigenen Schreibtische und Schubfächer haben...
Nachrichten wird man mündlich, telefonisch oder per Post vermitteln. Dies alles geschieht, damit es die Kinder bequem haben und damit sie sich nicht zu fürchten brauchen, es könnte sie jemand auslachen.«
Den Mitarbeitern, auch den jüngsten, werden Gehälter und Zeilenhonorare gezahlt. Bereits im ersten Jahr hat die *Kleine Rundschau* zweihundert ständige Korrespondenten, und es kommen Tausende Briefe. Wie König Hänschen erhält nun auch Korczak »waschkörbeweise« Post. Und wie er versprochen hat, nimmt sein Blatt sich der Sache der Kinder an. Hier können sie über Angelegenheiten berichten, die ihnen wichtig scheinen. Was Platz in der Zeitschrift findet, wird redigiert und veröffentlicht – und sei es für erwachsene Leser noch so geringfügig.
So richtet der neunjährige Roman eine Mahnung an seinen Onkel, der ihm für gute Noten ein Fahrrad versprochen hat, dieses Verspre-

chen aber bis jetzt nicht einhielt. Korczak versieht den Einspalter mit der kategorischen Überschrift: »Onkel, spare!«
Es wächst die Zahl der Mitarbeiter, die Korczak auch sehen und sprechen wollen. Das »Donnerstag-Treffen« wird eingerichtet. Scharen von Kindern kommen jeden Donnerstag in die Redaktion der *Kleinen Rundschau* in der Novolipki 7. Die Besucher stauen sich im Flur und im Treppenhaus.
Die Rundschau ist die größte jüdische Tageszeitung in Warschau. *Die kleine Rundschau* ist daher zunächst als eine Beilage für jüdische Kinder gedacht. Sie bringt Berichte aus Palästina, wohin seit dem Krieg viele polnische Juden auswandern; sie berichtet über die Pioniergruppen und die Kibbuzim. Aber dieses Medium ist zu einzigartig, als daß nur jüdische Kinder und Jugendliche sich daran beteiligen. Von Anfang an schreiben Kinder aller Konfessionen für *Die kleine Rundschau* – Kinder des Proletariats und des Bürgertums. Und bald kommen die Beiträge nicht nur aus Warschau, sondern aus allen polnischen Städten.
In diesen Jahren der politischen Unruhen und Schwierigkeiten ist *Die kleine Rundschau* eine Oase in der Wüste.
Der Antisemitismus – von den Nationaldemokraten und anderen rechten Gruppierungen geschürt – ist seit dem Krieg eskaliert. Der Anteil der Bevölkerung, die sich zum mosaischen Glauben bekennt, ist von 2,846 Millionen 1925 auf 3,144 Millionen 1931 gestiegen, 9,8% der Gesamtbevölkerung. Die jüdische Bevölkerung – sie setzt sich größtenteils aus Händlern, Gewerbetreibenden und Intellektuellen zusammen – hat von der Entwicklung seit dem Krieg eher profitiert. An ihr entlädt sich die Verbitterung der Arbeitslosen und der wirtschaftlich ruinierten Unternehmer. Ihre fremde Sprache, ihre fremde Religion und Kultur, die sich schon im Äußeren manifestiert, erwekken zusätzlich Aggressionen. Der Terror macht vor den Kindern nicht halt. Ein Mitarbeiter der *Kleinen Rundschau* wird überfallen und geprügelt. Die Zeitschrift bringt eine scharfe Verurteilung dieses Vorfalls und eine Anklage des Antisemitismus. Die Ausgabe wird sofort von der Polizei beschlagnahmt.
Als diese Dinge sich ereignen, ist Korczak schon nicht mehr der Leiter der Redaktion. Er hat sie 1931 an seinen jungen Mitarbeiter Igor Abramow Newerly abgegeben.

Newerly, ein Nichtjude, führt das Blatt noch Jahre weiter und hält den Gedanken der christlich-jüdischen Zusammenarbeit aufrecht. Nach 1939, unter deutscher Besatzung, endet die *Kleine Rundschau*. Newerlys Versuch, sie unter einem anderen Namen weiterzuführen, scheitert.

Noch einmal wird Korczak die Leitung einer Kinderzeitschrift angeboten. Ein regierungsfreundlicher Pressekonzern plant, eine eigene Kinderillustrierte herauszugeben. Mit einem solchen Blatt hätte Korczak großen Einfluß, und das Angebot muß auch verlockend für ihn gewesen sein, denn er läßt sich auf ein Gespräch mit den Herausgebern ein. Aber im Grund weiß er bereits, daß er ablehnen wird. Eine Kinderzeitschrift, die auf der Linie der Regierung liegt, wird er nicht machen. Er kommt in schäbiger Kleidung zur Besprechung, entschuldigt seine Aufmachung mit Zeitmangel – eine Pockenimpfung im Internat. Die Verlagsleute sind etwas betreten. Als Korczak nach seinen Wünschen für die Gestaltung der Zeitschrift gefragt wird, antwortet er ohne Zögern: »Ich wünsche dem Blatt, daß es vom Ministerium verboten wird, daß es den Fluch der Eltern und Lehrer auf sich herabbeschwöre, daß jeder Erwachsene es ablehnt, es seinen Kindern zu kaufen, und daß die Kinder es selbst kaufen, für das Geld, das sie den Eltern mausen.«

Damit ist seine Karriere als Publizist beendet.

1935 hat Korczak eine wöchentliche Sendung im Polnischen Rundfunk: Die Radioplaudereien des Alten Doktors. Seine Stimme wird jedem Radiohörer vertraut. Er spricht zu den Kindern, wie er schreibt: engagiert und humorvoll. Und immer wieder holt er auch Kinder vor das Mikrophon, unterhält sich mit ihnen, läßt sie erzählen. Es wird von ihm erwartet, daß er über seine Erfahrungen als Pädagoge spricht. Korczak tut es – wie immer höchst unkonventionell.

»Ich will schlafen – aber ein Bub möchte gerade Eisenbahn spielen, Räuber und Gendarm, Krieg, Banditen. Das geht nicht. Ich stelle ihn vor mich hin und sage: ›Oh, du Feuerprobe meiner Geduld, du Prüfstein meiner Ausdauer, du immerwährender Nekrolog meiner goldenen Ruhe und meiner Freiheit.‹ Er schaut mich an, begriff es irgendwie auf seine Art, denn dann meinte er: ›Na gut, dann werde ich eben mit Bauklötzen spielen…‹«

»Oder jemand benimmt sich unanständig – ein Mädchen beklagt sich darüber, daß er derartige Ausdrücke gebraucht. Ich sage also: ›Du bist ein Monstrum der Unzucht. Eine Ausgeburt satanischer Vergehen. Ich vertreibe dich aus meinem Herzen, du Ferkel, bis zum Nachtessen.‹ Und damit basta.

Glaubst du vielleicht, das hilft? Nein, meine Liebe, aber es schadet auch nicht. In der ärztlichen Kunst nennt man das: ut aliquid fieri videatur (lat. = damit es den Anschein hat, als ob irgendwas geschähe).«

»Ich sage nicht: ›Hundertmal muß man es dir sagen.‹ Hundertmal – das ist ungenau und ärgerlich zugleich. Er erwidert sofort: ›Überhaupt nicht hundertmal‹, und er hat recht damit.

Also sage ich vielmehr: ›Ich habe es dir am Montag, am Dienstag, am Mittwoch, am Donnerstag, am Freitag, am Samstag und am Sonntag wiederholt‹, oder: ›Schon im Januar, Februar, März, April, Mai, Juni habe ich dir das gesagt.‹ Ich behaupte nicht, daß das gar nicht hilft, sondern nur, daß es wenig hilft, zu wenig. Und ich erreiche gleichzeitig zweierlei: Ich ermuntere sie zu weiteren Anstrengungen über einen längeren Zeitraum hinweg, und ich bilde sie weiter: Er behält etwas, er lernt die Wochentage und die Monate. – ›Ich habe es dir im Frühling, im Sommer, im Herbst und im Winter gesagt.‹ – Oder ›beim Morgengrauen, am frühen Morgen, am Mittag, in der Abenddämmerung‹. So lehre ich sie und bereichere ihren Wortschatz. Nicht ›hundertmal‹ – das ist eintönig, dürftig, empörend.«

»Ein Kind ist ein Mensch«, wird Korczak nicht müde zu sagen. »Es sind Menschen, aber mit einer anderen Begriffsskala, einem anderen Erfahrungsschatz, anderen Trieben und anderen Gefühlsreaktionen. Sind sie unreif?

Frag doch einmal einen Greis – er wird dich noch in deinem vierzigsten Lebensjahr für unreif halten. Ganze Gesellschaftsklassen sind unreif, denn sie sind schwach. Ganze Völker sind auf fremde Hilfe angewiesen. Sie sind gleichfalls unreif, denn sie haben keine Kanonen...«

Die Sprache der Kinder hat für Korczak einen besonderen, eigenen Wert: wie sie etwas beschreiben, wie sie ihre Gefühle zum Ausdruck bringen. In »Nasz Dom« und »Dom Sierot« werden die Aussagen von Kindern aufgezeichnet und unter dem Titel *Kinderberichte* veröffentlicht.

In der Erzählung *Ein Gespräch im Sächsischen Garten* gibt Korczak das Gespräch mit einem armen Jungen wieder:

»›Warum hast du mir gesagt, daß du heute noch nichts gegessen hast?‹

›Weil alle Jungen so sprechen.‹

›Aber ich kenne einen Jungen, der das nicht sagt.‹

›Weil er nicht bettelt.‹

›Und was hast du heute gegessen?‹

›Ich habe Tee getrunken und Brot gegessen.‹

›Mit einem Würstchen?‹

›Nein, ein Würstchen kostet sechs Groschen.‹

›Und womit hast du das Brot gegessen?‹

›Mit Tee.‹

›Als der Vater noch lebte, wart ihr da reich?‹

›Reich? Wir hatten eine Stube, einen Spiegel und einen Hund.‹

›War der Hund groß?‹

›Nein, oh, so klein!‹

›Und was ist aus dem Hund geworden?‹

›Er ist verreckt.‹

›Und war der Hund lange krank?‹

›Ich weiß nicht; als ein Junge einen Stein nach ihm warf und ihm eine Pfote zerschmetterte, da hinkte er auf drei Pfoten. Er hinkte, er war so niedlich.‹«

Demokratie in der Nußschale

»Dom Sierot« und »Nasz Dom«, die beiden Waisenhäuser, haben Platz für jeweils hundert Kinder. Sie kommen verschüchtert, verschnupft, manchmal auch verlaust in ihren neuen Heimen an. Die meisten haben ihre Eltern verloren, aber es sind auch »soziale Waisen« darunter: Kinder, die einem Elternteil fortgenommen werden, der nicht für sie sorgen kann oder will – einem Kriminellen oder Säufer.

Korczak beschreibt den Neuankömmling:

»Du hast ihm die Haare geschnitten, die Fingernägel gekürzt, ihn gebadet und umgezogen, und schon sieht er allen anderen ähnlich. Er kann sich sogar schon verbeugen, er sagt nicht ›ich will‹, sondern ›bitte‹; wenn ein Fremder eintritt, so weiß er, daß man grüßen muß. Schon sagt er bei einer kleinen Feier ein paar Verse auf und putzt seine schmutzigen Schuhe ab; er spuckt nicht mehr auf den Fußboden und benutzt ein Taschentuch. Gib dich keiner Täuschung hin, du könntest aus seinem Gedächtnis bereits dumpfe Erinnerungen, schlimme Einflüsse und schmerzliche Erfahrungen getilgt haben. Diese sauber gewaschenen und ordentlich gekleideten Kinder bleiben noch lange verworren, mit Schmerzen behaftet und farblos. Da gibt es unsaubere Wunden, die man monatelang geduldig ausheilen lassen muß; und dann bleiben doch noch Narben zurück, die immer wieder aufbrechen können.«

Korczak notiert Erfolge und Scheitern, versucht aus jeder Erfahrung zu lernen. Immer wieder werden die Regeln des Zusammenlebens überdacht und nach Möglichkeit verbessert. Als Ergebnisse der Versuche in den Sommerkolonien und in den Horten in Kiew sind die einzelnen Institutionen der Heime entstanden: der Gemeinschaftsdienst, die »Betreuung« (ältere Kinder übernehmen die Patronanz für jüngere), die Internatszeitung, der »Briefkasten«, die Wandzeitung, das Gemeinschaftsgericht.

Eine große Rolle in Korczaks und Falskas Erziehungsprogramm spielt die Arbeit. Und es gibt bei den verschiedenen Diensten, die geleistet werden müssen, keine Trennung zwischen »Kopfarbeitern« und »Handarbeitern«.

»Ich setze mich dafür ein, daß es im Waisenhaus keine feine oder grobe, gescheite oder dumme, saubere oder schmutzige Arbeit gibt; Arbeit für feine Damen oder für gewöhnliches Gesinde. Es sollte niemanden geben, der nur körperlich oder nur geistig arbeitet.«
Als sichtbares Symbol dieses Prinzips sind an einer Wand eine Scheuerbürste und ein Wischtuch ausgestellt.
Auf der anderen Seite werden die Zöglinge immer wieder ermutigt, sich schriftlich auszudrücken: in der Zeitung, in schriftlichen Mitteilungen an den Heimleiter oder an ihre »Betreuer«. Diese »Schreibmanie« ist Korczak zum Vorwurf gemacht worden, so als ob er seine eigene Lust am Schreiben auf die Waisenkinder projizierte. Aber den Kindern wird keine »gewählte« oder »künstlerische« Ausdrucksweise aufgezwungen. Im Gegenteil: stilistische Verbesserungen durch die Erwachsenen sind verboten. Die Kinder sollen ihre eigenen Ausdrucksmittel finden.
»Schreibmanie«, sagt Korczak, »ist keine Krankheit. Analphabetismus ist eine Krankheit!«
Die Kinder sollen auch schriftlich bekanntgeben, wen in ihrer Gemeinschaft sie mögen und wen nicht. Durch die Gemeinschaft wird bestimmt, welchen Status jeder einzelne hat. Das geht von der Klasse des »lieben Ankömmlings« bis zur Klasse des »Bürgers«, vom »gleichgültigen Bewohner« bis zum »lieben Gefährten«.
Dieses »Plebiszit des Wohlwollens« ist eingerichtet worden, weil Korczak die Entdeckung gemacht hatte, daß einzelne Kinder imstande sind, dem Erzieher perfekt eine Rolle vorzuspielen; heimlich tyrannisieren sie die anderen Kinder und erpressen sie. Mit Hilfe einer schriftlichen Abstimmung kann festgestellt werden, ob ein Kind unterdrückt wird oder sonstwie gequält. Jeder soll sagen können, wen er wirklich mag und wen er fürchtet.
Ein wichtiges Instrument zur Rechtfertigung ist das »Gemeinschaftsgericht«. Hier urteilen von Kindern gewählte Richter über einzelne Vergehen gegen die Gemeinschaftsordnung und setzen eine Strafe fest. Diese Strafe kann »öffentliche Bekanntgabe« sein, Ausschluß von verschiedenen Gemeinschaftsaktivitäten (Essen, Spielverbot); im schlimmsten Fall ist es Ausschluß aus der Gemeinschaft.
Das Gericht kann auch nur seine Mißbilligung aussprechen. Es kann freisprechen und verzeihen. In den Statuten des Gemeinschaftsge-

richts heißt es: »Wenn jemand etwas Böses tut, so ist es am besten, wenn man ihm verzeiht.« Paragraph 1, der am häufigsten zur Anwendung gebracht wird, lautet: »Die Klage wurde zurückgezogen«, das bedeutet, daß der, der die Anzeige gemacht hat, von sich aus verzeiht.

Korczak berichtet über einige typische Verhandlungen:

»Fall Nr. 127: Ein Junge hat sich versehentlich eine fremde Jacke angezogen. Durch solche Irrtümer kann Krätze übertragen werden. § 31 (besagt: Das Gericht gibt den äußeren Umständen – dem Zufall – die Schuld, ohne A. für das, was geschehen ist, zu beschuldigen.)

Fall Nr. 223: Vier Jungen hatten an einem Tisch Schularbeiten gemacht. Danach war der Tisch mit Tinte beschmiert. Das Gericht stellte ein Verhör an, und es zeigte sich, daß nur einer auf den Tisch ›36 : 3‹ geschrieben hatte, und einem war Tinte ausgetropft. Ohne das Gericht wäre man auf alle erbost gewesen. § 4 (besagt: Das Gericht ist überzeugt, daß etwas Ähnliches nicht mehr vorkommen wird, also fällt es in dieser Sache keinen Urteilsspruch).«

Manchmal wird aufgrund eines Falles die Gemeinschaftsordnung revidiert, um das Zusammenleben besser zu regeln. Gegen die Urteile des Gerichts kann auch Berufung eingelegt werden.

»Ich selbst habe mich im Laufe eines halben Jahres fünfmal dem Gericht gestellt«, schreibt Korczak. »Einmal, weil ich einem Jungen eins hinter die Ohren gegeben hatte, einmal, weil ich einen Jungen aus dem Schlafsaal hinausgeworfen hatte, einmal, weil ich einen in die Ecke gestellt hatte, einmal wegen Beleidigung eines Richters und einmal, weil ich ein Mädchen des Diebstahls beschuldigt hatte.«

Neben dem Gericht gibt es den »Kinder-Sejm«, das Parlament, mit 22 Abgeordneten. Wer vier Stimmen auf sich vereinigen kann, wird Abgeordneter.

Der Sejm faßt Beschlüsse über besondere Festtage. So wird z.B. der erste Schnee gefeiert: An diesem Tag wird ein Ausflug gemacht.

Die Parlamentsabgeordneten haben auch ein Mitspracherecht bei der Aufnahme oder dem Ausschluß von Zöglingen.

Auch mit diesem Kinderparlament im Waisenhaus ist ein Stück vom Traum König Hänschens in Erfüllung gegangen.

Korczak kennt den Vorwurf, der ihm am häufigsten gemacht wird:

Die Kinder in seinem Haus sind verwöhnt und überbehütet. Sie werden nur schlecht auf das harte, erbarmungslose Leben vorbereitet, das nachher auf sie wartet.
Einige von ihnen können zwar als Erzieher in »Dom Sierot« bleiben; aber die meisten kommen mit vierzehn in die Lehre und verlassen die Anstalt, sobald sie sich selbst erhalten können.
Korczak sieht selbst die Gefahr, daß die »heile Welt« des Waisenhauses die Kinder zu wenig auf »draußen« vorbereitet. Immer wieder schreibt er, daß es ihm nicht darum geht, den Kindern alle schlechten Erfahrungen zu ersparen. An den Anforderungen der Arbeit, an den Konflikten und Auseinandersetzungen mit den Kameraden sollen sie lernen, Probleme zu lösen, mit Enttäuschungen und Spannungen fertig zu werden. Aber die objektive Wirklichkeit scheint seinen Kritikern recht zu geben. Die »Schule des Lebens«, die er für die Zöglinge schaffen wollte, ist nicht hart genug. Die Vierzehnjährigen verlassen das Waisenhaus – wie Hanna Mortkowicz-Olczakowa es beschreibt – »noch nicht flügge, noch nicht genügend erstarkt, und, was noch schlimmer ist, nicht mit Klauen und Krallen versehen, sondern durch die vorangegangenen mühelosen Jahre verzärtelt. Sie gingen in ein Leben voller Brutalität, ein Leben, das vom Haß der Klassenkämpfe und von wirtschaftlicher Not erfüllt war. Sie traten in eine Welt, in der niemand auf sie achtgab, in der sie niemand vor dem Gericht rechtfertigte, in der niemand farbige Postkarten verteilte und sich nachts behutsam über ihr Bett beugte.«
Als ob der Verfasser von *König Hänschen* das nicht wüßte! In einem seiner Vorträge sagt Korczak: »Ein Herr warf mir vor, daß ich aus meinem Waisenhaus eine Oase für meine Zöglinge gemacht hätte, so daß sie bei der Konfrontation mit dem wirklichen Leben zusammenbrechen mußten. Ich erwiderte ihm: Sie sind wohlhabend und essen gut, viel und fett. In zehn Jahren werden Sie darauf verzichten und Grütze essen müssen. Das wird für Sie ein Schock sein. Darum empfehle ich Ihnen, fangen Sie schon heute an, Grütze zu essen.«
In einem Brief an einen Freund in Palästina schreibt Korczak 1936 über das Konzept von »Dom Sierot«:
»Die Organisation der Kinder auf gegenseitige Sympathie und Gerechtigkeit gründen. Sie frühzeitig von schlechten Einflüssen der Erwachsenenwelt fernhalten. Ihnen ruhige, milde Jahre der Ent-

wicklung und Reife gewähren. Nicht unterdrücken, nicht quälen, nicht belasten, nicht vernachlässigen, nicht benachteiligen. Ich gebe zu, ich tat es nicht für alle, sondern nur für das Waisenhaus. Ungeachtet der schweren Bedingungen ist es immer noch eine Oase, die leider von dem bösen Sand der Wüste, die sich ringsum erstreckt, allmählich zugeschüttet wird.«

Der 1929 publizierte Aufsatz *Das Recht des Kindes auf Achtung* ist voll Pessimismus. Es ist kein Appell mehr, das Kind zu lieben, sondern eine Anklage gegen die Welt der Erwachsenen, ihre Unredlichkeit und Gewalttätigkeit: »Die Genfer Gesetzgeber[9] haben das Verhältnis von Pflichten und Rechten verwechselt: Der Tenor ihrer Deklaration ist Überredung, nicht Forderung. Ein Appell an den guten Willen, eine Bitte um Einsicht.

Wir fordern: Beseitigt den Hunger, das Elend, die Feuchtigkeit und die Stickigkeit, die Enge und die Übervölkerung.

Ihr seid es doch, die ihr die Voraussetzungen für Rebellion und Seuche schafft: eure Leichtfertigkeit, euer Unverstand und eure Unfähigkeit zur Ordnung.

Nehmt euch in acht: Der starke brutale homo rapax bestimmt das moderne Leben, er diktiert die Verhaltensweisen. Seine Zugeständnisse an die Schwachen sind eine Lüge, unehrlich ist die Ehrerbietung für den Greis, die Gleichberechtigung für die Frau und das Wohlwollen für das Kind. Obdachlos irrt das Gefühl umher – ein Aschenbrödel. Kinder jedoch – in ihrem Empfinden sind sie Königskinder, Dichter und Weise. Wir sollten Achtung haben, wenn nicht gar Demut vor der hellen, lichten, unbefleckten, seligen Kindheit…«

Die »Internationale Erklärung der Rechte des Kindes« von 1959 nimmt Korczaks Forderungen auf:

Alle Kinder sollen sich nach Möglichkeit gesund und in Freiheit entwickeln können: körperlich, geistig, seelisch und sozial. Alleinstehenden und mittellosen Kindern, körperlich oder geistig behinderten Kindern soll besonderer Schutz und Hilfe zuteil werden. Sie sollen unentgeltlichen Schulunterricht erhalten, aber auch die Gelegenheit zu Spiel und Erholung. Kinder sollten in allen Notlagen die ersten sein, die Schutz und Hilfe erhalten. Sie sollten vor Vernachlässigung, Grausamkeit und Ausnutzung jeder Art geschützt werden.

Henryk Goldszmit, 1889

Stefania Wilczyńska, 1927

Maryna Falska, 1926

Korczak (3. v. re.) zusammen mit Erziehern in der Sommerkolonie Wilhelmówka, 1908

Das Waisenhaus in der Krochmalna 92, Warschau

Der Speisesaal des Waisenhauses in der Krochmalna 92 wurde auch als Versammlungsraum genutzt

Jungen beim Bau eines Hasenstalls

Mädchen bereiten das Mittagessen

Korczak mit Kindern

Im Hof des Waisenhauses in der Krochmalna 92

Das Waisenhaus Nasz Dom, »Unser Haus«, Warschau-Bielany

Korczak in Palästina in einem Kibbuz, 1934

Warschauer Ghetto, 1942

Korczak, 1941

Grundsatz Nr. 10 dieser Forderungen lautet: »Das Kind wird vor Handlungen bewahrt, die rassische, religiöse oder andere Herabsetzung fördern. Es wird erzogen in einem Geist des Verstehens, der Duldsamkeit, der Freundschaft zwischen den Völkern, des Friedens, weltumspannender Brüderlichkeit und in der Vorstellung, daß seine Kraft und Fähigkeiten dem Dienst an seinen Mitmenschen zu widmen sind.«

In jeder Zeile seiner Bücher und Schriften bemüht Korczak sich um diesen »Geist des Verstehens«. Selbst im »Krieg der Geschlechter«, der schon in der Kindheit beginnt – in den Feindseligkeiten zwischen rauflustigen Jungen und spitzzüngigen Mädchen – vermittelt er, versöhnt er. Seiner Meinung nach ergibt sich die Kluft nur aus der rollenspezifischen Erziehung, die die Buben aggressiv und die Mädchen heikel und boshaft macht.

Die schwarze Häuptlingstochter Klu Klu begreift die Unterschiede zwischen den Geschlechtern in den zivilisierten Ländern nicht: »In Afrika sind die Jungen nicht geschickter als die Mädchen, alle laufen gleich schnell, klettern auf die Bäume und schlagen Saltos. Was hier bei euch los ist, verstehe ich nicht. Dauernd zanken sich die Jungen mit den Mädchen, dauernd stören sie beim Spiel, wollen aber selbst nicht mit ihnen spielen...«

Obwohl sie »nur ein Mädchen« ist, wird Klu Klu Hänschens bester, treuester Freund. Sie ist tapfer, aufopfernd, klug und einfallsreich. Korczak weiß, was er Frauen verdankt. Ohne ihre Arbeit und Unterstützung wäre »Nasz Dom«, wäre »Dom Sierot« nicht möglich.

Nicht nur als Pädagoge, auch als Autor beliebter Kinderbücher will Janusz Korczak »Arzt und Baumeister der kindlichen Seele« sein.

In *Ruhm* beschreibt er, wie drei Proletarierkinder sich aus bitterer Armut emporkämpfen. Sie haben nicht einmal eine reguläre Volksschule besuchen können, aber Olek wird Arbeiter und Gewerkschaftsführer – vielleicht sogar einmal Abgeordneter; Mania ist Arbeiterin, daneben aber veröffentlicht sie in einer Zeitschrift, und Wladek wird ein berühmter Arzt. »Kinder, habt ehrgeizige Pläne. Laßt eurer Phantasie freien Lauf, dann werdet ihr es schaffen, sie zu verwirklichen.«

Auch in der fantastischen Erzählung *Kajtus, der Zauberer* versetzt

der Wille Berge. »Man muß stark und beharrlich wollen. Man muß den Willen härten. Man muß sich nützlich machen.«
In *Der eigensinnige Junge* schreibt Korczak die Geschichte des jungen Louis Pasteur, um zu zeigen, wie zähes und gewissenhaftes Arbeiten zu Erfolg führt.
Gegen die ermutigenden Fabeln seiner übrigen Kinderbücher hebt *König Hänschen* sich deutlich ab. In diesem Buch scheint es, als hätte der »Arzt und Baumeister« die Hoffnung verloren. Auch Kinder können böse sein. Auch sie unterdrücken die Schwächeren. Auch zwischen ihnen gibt es keinen Frieden – das ist die bittere Einsicht des verbannten Königs.
1930 wird ein Theaterstück von Janusz Korczak aufgeführt: *Der Senat der Verrückten*. Eine Handvoll Wahnsinniger bespricht die Zukunft der Menschheit. Geht es ins Paradies oder in den Untergang?
In einer dieser Gestalten, dem »Obersten«, ist der Faschismus verkörpert. Die Vision des wahnsinnigen Obersten ist der Massenmord – die Ausrottung von Kultur und Wissenschaft, Humanität und Zivilisation.
Eine andere Figur, der »Traurige Bruder«, ist wohl Korczaks Stimme:
»Das Suchen nach Wahrheit, Recht und Gerechtigkeit ist somit vergeblich und führt zu Demütigung und Verachtung. Augenblicke der Ehrlichkeit und Zerknirschung sind selten. Wie soll man unter dieser Last nicht zusammenbrechen? Sie erdrückt, erwürgt, zerschmettert. Es ist alles nichts wert. Der Mensch kann sich nicht einmal im eigenen Interesse verändern. Sogar vor sich selbst trägt er eine Maske, umgibt sich mit Schützen- und Wassergräben. Jeder gegen jeden – und jeder gegen sich selbst.«
Das »Böse« wird allumfassend. Der gute Mensch scheitert, weil ihm die Macht fehlt. Erlangt er aber Macht, so wird er unausweichlich korrumpiert.
Viele der Bilder in *König Hänschen* finden ihren Schlüssel in Korczaks Leben, seinen Träumen und Ahnungen. Welche Bewandtnis aber hat es mit dem seltsamen Bild der »wildesten aller Menschenfresser«?
»Menschenfresser«, Kannibalismus ist für Korczak in diesem Zusam-

menhang kein anthropologisches Phänomen, sondern symbolhaft zu verstehen. Seine Menschenfresser sind Sinnbild für Unmenschlichkeit, Primitivität und blinde Zerstörung. »Menschenfresser« sind außerhalb jeder Moral und Einsicht, unfähig, das Böse ihres Tuns zu begreifen. Sie verschlingen ihre Feinde, und wenn keine Feinde zur Hand sind, so fressen sie einander auf. Immer wieder taucht das Bild des Kannibalismus in Korczaks Schriften auf. In den *Regeln des Lebens*, die er für Kinder schreibt, geschieht es noch zur Aufmunterung: »Sogar Menschenfresser lassen sich zivilisieren.« Aber an einer anderen Stelle, in der *Fröhlichen Pädagogik*, findet sich folgende Anekdote:

»Ein Reisender besucht Afrika und kommt in ein Negerdorf. Da sieht er in englischer Sprache die Aufschrift ›Schule‹. Er ist neugierig, wie die kleinen schwarzen Neger lernen. Sie wissen viel und können auch gut Englisch. Also fragt er, wie lange der Lehrer schon unterrichtet. Und der Lehrer: ›Ein Jahr.‹

›Ein Jahr, nur ein Jahr? Unmöglich!‹

›Aber nein: Die Schule besteht schon lange, mein Vorgänger hat neun Jahre hier gearbeitet.‹

›Wo ist er jetzt, und was macht er?‹

›Er ist nicht mehr. Die Eltern der Schüler haben ihn verspeist.‹

›Sie scherzen.‹

›Aber nein, das sind doch Menschenfresser.‹

›Und was wird aus Ihnen? Die können Sie doch auch auffressen!‹

›Das können sie, dann müßte das Unterrichtsdepartment einen neuen Lehrer herschicken.‹«

Korczak endet lakonisch: »So ist das, mein Freund.«

Und der »Lehrer« Janusz Korczak versieht weiter pflichtbewußt seinen Dienst: im Waisenhaus, am Schreibtisch, als Bittgänger in den Häusern der Reichen, in der Redaktion. Was immer er tut, er tut es mit vollem Engagement und auf eine originelle, persönliche Art. Seine Phantasie und sein Einfallsreichtum beeindrucken die Menschen genauso wie seine Ehrlichkeit und Integrität. Von seiner ersten Vorlesung am Institut für Sonderpädagogik wird folgende Episode berichtet:

Als Korczak in den Hörsaal kommt, führt er einen kleinen Jungen

an der Hand. Den überraschten Hörern teilte er mit, die Vorlesung werde diesmal im Röntgenraum stattfinden.
Man versammelt sich im Röntgenraum, betrachtet neugierig den Jungen, der durch die fremde Umgebung, die vielen Leute sichtlich eingeschüchtert ist. Fest hält er Korczaks Hand umklammert. Korczak sagt ihm, daß er das Hemd ausziehen und sich hinter diesen Schirm dort stellen soll. Sodann bittet er, das Licht auszudrehen. Der Raum ist dunkel. Auf dem hellen Röntgenschirm sieht man den kleinen Brustkorb des Kindes, ein Herz, das sich dehnt und zusammenzieht – schnell und zitternd. Korczaks Stimme kommt aus dem Dunkel:
»Seht es euch an und haltet es euch immer vor Augen. Immer wenn ihr erschöpft und erzürnt seid, wenn die Kinder unausstehlich sind und euch aus der Ruhe bringen, wenn ihr aufgebracht seid und brüllt, wenn ihr im Zorn strafen wollt – haltet euch dann vor Augen, daß das Herz eines Kindes so aussieht und so reagiert.«

Erez Israel

Im Rückblick auf sein fünfzigstes Lebensjahr schreibt Korczak: »Was ist eigentlich das Leben, was ist das Glück? Wenn es nur nicht schlimmer kommt, wenn es nur so bliebe, grad so wie jetzt! ...Meine Stadt, meine Straße, der Laden, in dem ich immer einkaufe, mein Schneider, und das Wichtigste: meine Arbeitsstätte. Wenn es nur nicht schlimmer wird. Wenn man der Sonne sagen könnte: Bleib stehen – jetzt wäre die rechte Zeit.«

Zehn Jahre später ist alles schlimmer geworden. Korczaks Hoffnungen, den Sieg von Einigkeit und Demokratie in Polen zu erleben, sind geschwunden.

Die neue Verfassung von 1935 stärkt die Stellung des Präsidenten und beschneidet die Rechte des Parlaments. Pilsudski ist bereits ein todkranker Mann und stirbt einen Monat nach der Verfassungsänderung. Unter seinen Nachfolgern verhärtet sich der innenpolitische Kurs noch.

Die wirtschaftliche Lage Polens ist nach wie vor schwierig: Verarmung und Überbevölkerung auf dem Land und in den Städten. Ein Sechstel der arbeitsfähigen Bevölkerung ist arbeitslos. Als Folge der katastrophalen wirtschaftlichen Situation kommt es 1936 zum Massenstreik der Textilarbeiter und Protestaktionen der Bauern. Die Rechte der nationalen Minderheiten – vor allem der Deutschen, Litauer und Weißruthenen – werden wieder eingeschränkt, sie sind im Sejm nicht mehr vertreten.

Zwischen Hitler-Deutschland und Polen ist es 1934 zur Unterzeichnung eines Nichtangriffspakts gekommen. Der Leiter der polnischen Außenpolitik, Josef Beck, betreibt eine schwierige Gleichgewichtspolitik zwischen Deutschland und Sowjetrußland, um keiner der beiden Großmächte Anlaß zu einem Konflikt zu bieten. Bis 1938 benützt die polnische Regierung die deutsche Annexionspolitik in Mitteleuropa sogar für eigene politische Zwecke und macht sich damit zum Komplizen des Dritten Reiches.[10)] Der Faschismus breitet sich auch in Polen aus und verstärkt den latenten Antisemitismus unter der polnischen Bevölkerung.

Korczak schreibt eine Reihe von Szenen unter dem Titel *Unver-*

schämt kurz. In ihnen läßt er den »Durchschnittsbürger« zu Wort kommen:
»Eine kleine Szene. Am Fahrkartenschalter. Hören Sie sich das an. Ich übertreibe nicht. Sie kaufen Fahrkarten... Da stehen: drei Zerlumpte, ein Grünschnabel, eine Jüdin, dahinter ein Hauptmann der polnischen Armee, dann ein Jude, ein Bauer, ein Priester, wieder ein Abgerissener, hinter ihm eine ältere Frau in Trauer und so weiter. Und ein Polizist steht dabei und sorgt für Ordnung. Damit es, Gott bewahre, nicht anders, sondern in dieser Reihenfolge geht. Mich geht das eigentlich nichts an, denn ich stehe vor einem anderen Schalter. Aber es schüttelt mich doch, wissen Sie, wie im Fieber. Was ist da zu tun? Ich kann's nicht ertragen. Dann lieber zu Hause sitzen. Es gar nicht mit ansehen. Selbst wenn sie mir noch dazuzahlen würden. Nein, ich verreise nie wieder. Brrr!«

»Du sagst: Einen Laden eröffnen. Daran habe ich auch schon gedacht. Aber schau: Da kommt so ein Jud daher, und du sollst mit ihm wie mit deinesgleichen. Er wird mit dir feilschen. Wird sagen, zu teuer, gefällt ihm nicht. Und du schweigst, denn er ist der Kunde. Du mußt noch höflich sein. Kunde ist Kunde. Verstehst du? Du darfst ihn nicht am Kragen packen und achtkantig rausschmeißen. Du kannst nicht einmal mit dem Fuß aufstampfen und ihn zum Teufel wünschen. Und nicht ›du Krätzjud‹ sagen, oder ›du Saujud‹. Nichts. Der Kunde ist König. Nee, das ist nichts für mich. Daran hab ich auch schon gedacht.«

»›Ich weiß, ich weiß alles. Mit solchen Zeitungsweisheiten kannst du mir nicht imponieren. Früher beugten wir uns nur einem. Entweder dem Deutschen oder dem Russen. Jetzt allen: den Tschechen und den Russen und den Deutschen und den Italienern und den Engländern und den Türken. Sogar in Palästina haben wir einen Gesandten. Für diese Krätzjuden auch noch einen Gesandten bezahlen! Ein Herr ist besser als zehn. Jawohl!‹
›Mein Gott, andere machen's doch genauso!‹
›Wer: andere?‹
›Na, die Franzosen, die Engländer, die Deutschen.‹
›Du sagst, die anderen? Na und? Vermutlich wollen sie's nicht

anders. Offenbar fühlen sie sich dabei wohl. Aber ich nicht – und damit basta. Basta – verstehst du – baaasssta!‹«
Viele polnische Juden wandern nach Israel aus. »Erez Israel« – gelobtes Land Israel – hinter diesem Begriff steht der Traum einer sicheren Heimstätte für die Juden der ganzen Welt. Die Idee des Judenstaates in Israel, die Theodor Herzl 1897 in Basel proklamierte, hat bei den in Armut und Unsicherheit lebenden Juden Osteuropas größeren Widerhall gefunden als in Westeuropa.[11] In der »Balfour-Deklaration« 1917 wurde den Zionisten die Errichtung einer nationalen Heimstätte in Palästina zugesagt. Schon vorher formiert sich der »Hechaluz«, eine zionistisch-sozialistische Organisation, die junge Juden als Pioniere für Palästina rekrutiert. Mit 45.000 Pionieren hat Polen von allen Ländern den stärksten Verband dieser internationalen Organisation. Sitz des Weltbüros des »Hechaluz« ist daher Warschau.
In Schulen, Werkstätten und Landgütern (Kibbuzim) werden junge Juden für ein Leben in Palästina vorbereitet und ausgebildet. Nach drei Jahren, in denen sie auch hebräische Kultur, Geschichte und Sprache lernen, können sie mit Zertifikaten für die Einreise nach Palästina rechnen.
Viele der assimilierten Juden lehnen jedoch den »Exodus«, den Auszug in einen eigenen Staat ab und betrachten ihn als »Kapitulation« vor dem Antisemitismus. Ihre Vorfahren und sie selbst haben sich ein Vermögen und eine berufliche Position erkämpft und erarbeitet, sie fühlen sich in dem Land, in dem sie leben, sicher und zu Hause. Auch der Allgemeine Jüdische Arbeiterbund für Polen und Rußland, kurz »Bund« genannt, eine große sozialistische Partei mit alter klassenkämpferischer Tradition, ist gegen die Idee der Auswanderung.
Janusz Korczak steht dem Zionismus distanziert gegenüber. Ehemalige Zöglinge und Freunde sind längst ausgewandert; sie schreiben ihm begeistert von »Erez Israel« und drängen ihn, nachzukommen. Aber Korczak glaubt nicht recht an die Möglichkeit einer Verpflanzung der europäischen Juden in eine neue Heimat. In einem Brief an seine Freunde schreibt er: »Wir haben uns im Land der Fichten, des Schnees und der Diaspora physisch und moralisch akklimatisiert. Der Versuch, die zwei Enden des Fadens, der vor zweitausend Jahren zerrissen wurde, wieder zusammenzuknüpfen, ist schwierig.

Sicher wird es gelingen, denn das fordert die Geschichte. Aber wie viele Anstrengungen und Leiden stehen noch bevor...«
Im Sommer 1934 fährt Korczak dann doch für sechs Wochen nach Palästina, wo er im Kibbuz »Ejn Harod« lebt. Von dem, was er dort sieht, ist er tief beeindruckt: »Das junge Palästina bemüht sich emsig und redlich um ein gutes Einvernehmen mit der Erde.«
Der Erfolg, mit dem die Siedler die Wüste fruchtbar machen, die Aufopferung und Selbstlosigkeit der Pioniere, ihr Glaube an das »Gelobte Land« und die »bittere Schönheit des Landes der Steine und der Sterne«, all das erfüllt ihn mit Bewunderung und Hoffnung.
Aber er leidet auch unter der fremden Sprache, der Fremdheit der Schrift, die von rechts nach links gelesen wird, der Fremdheit der Landschaft. »Das ist eine andere Flora. Das Gras ist anders, sogar die Kiefer ist anders. Ihre Borke ist fremd, fremdartig sind ihre Nadeln. Eine andere Nahrung gibt es hier, alles ist bis zur Verzweiflung anders. Ich sprach auf meinem morgendlichen Spaziergang mit dem palästinensischen Wald. Wir konnten uns nicht verständigen.«
Dennoch setzt Korczak sich nach seiner Rückkehr ernsthaft mit der Bewegung des Hechaluz auseinander. Und am 15. Juli 1935 fährt er zum zweitenmal nach Palästina.
»Erez Israel« ist mehr als eine Zufluchtsstätte für die verfolgten Juden: Es ist die Verheißung einer besseren, menschlicheren Zukunft – um so wichtiger in einer Zeit, in der der Faschismus in Europa an die Macht kommt, in der der »homo rapax«, das »Raubtier Mensch«, mit der systematischen Ausrottung von Menschen und Menschlichkeit beginnt.
An seinen Freund Joseph Arnon schreibt Korczak: »Erez Israel muß, wenn ich nicht irre, ein zweiter Völkerbund[12)] sein. Genf ist ein Parlament der Regelung materieller Dinge, Krieg, Morden, Arbeit, Hygiene, Erziehungsmethoden und Erziehung der Massen. Jerusalem aber ist der Mittelpunkt des individuellen Lebens, seine Bestimmung und sein Recht auf Bestehen ist der Geist.«
Von höchstem Interesse für den Pädagogen Korczak sind neue Lebensformen, die die jungen israelischen Ansiedler erproben. In den Kibbuzim kennt man kein Eigentum. Es gibt keine Trennung in Kopfarbeiter und Handarbeiter, alle Kinder werden gemeinschaftlich betreut und aufgezogen. Die Moschawey-Owdim dürfen zwar

Eigentum besitzen – Haus, Pferde, Geräte und Einrichtung –, jedoch dürfen sie keine anderen Lohnarbeiter beschäftigen; es gibt also auch bei ihnen keine Klassen.
In Israel scheint ein großer Lebenstraum Janusz Korczaks Wirklichkeit zu werden: die Schaffung eines besseren Menschenschlags durch die Schaffung entsprechender Arbeits- und Lebensbedingungen und durch ein Aufwachsen der Kinder ohne neurotisierende Kleinfamilie.
Der »neue«, »bessere« Mensch ist in diesen Zeiten das Ziel jeder großen nationalen und internationalen Bewegung. Sozialisten wie Nationalsozialisten wie auch Zionisten glauben, daß sie ihn hervorbringen werden.
Auch Janusz Korczak hat sich von jeher für die »Eugenik« interessiert, die »Erbgesundheitslehre«: Nur körperlich und geistig gesunde Menschen sollten sich fortpflanzen. Er entspricht damit dem Geist einer Zeit, die geprägt ist von den Entdeckungen Darwins und Mendels.[13)]
Aber Korczak hängt nicht einer »Rassenlehre« an wie die Nationalsozialisten, die behaupten, daß die arische Rasse allen anderen überlegen sei; noch glaubt er wie die Zionisten und orthodoxen Juden an die Auserwähltheit eines Volkes – oder wie die Kommunisten an die historische Bestimmung der Arbeiterklasse. Menschen aller »Rassen« und »Klassen« sind für ihn gleich wertvoll: »schwarze« und »weiße« Kinder, wie er in *König Hänschen* symbolhaft schreibt. Oder – um eine andere Umschreibung Korczaks zu verwenden – die »Joscheks« (jüdische Kinder) und die »Jascheks« (die polnischen Kinder). Sein Ideal ist »Freundschaft zwischen den Völkern und weltumspannende Brüderlichkeit«.
Im Polen der dreißiger Jahre erlebt er die Zertrümmerung dieses Ideals. Ungeniert macht sich der Faschismus breit. Ausschreitungen gegen Juden, der Boykott jüdischer Geschäfte werden von der Regierung wohlwollend geduldet.
Die Kinder von »Dom Sierot« werden auf der Straße angerempelt und angepöbelt: »Dreckige Juden!« – »Hitler muß her!« – »Juden nach Palästina!«
1936 wird Korczaks Rundfunksendung gestrichen. Schon 1935 war die Radiosendung eines Juden »untragbar«. Die *Radioplaudereien*

des Alten Doktors wurden gesendet, ohne Korczaks Namen zu erwähnen. Nun erhält er die Kündigung. Diese Konsequenz einer allgemeinen Politik ist zu erwarten gewesen. Dennoch trifft sie Korczak tief.
Dann folgt ein zweiter, noch härterer Schlag: der Bruch mit der langjährigen Freundin und Mitkämpferin Maryna Falska.
Korczaks Biographin, Hanna Mortkowicz-Olczakowa, deutet an, daß Frau Falska sich dem politischen Druck beugen mußte, der auf ihre Institution ausgeübt wurde; Igor Abrámow Newerly meint, daß es Zerwürfnisse über pädagogische Prinzipien waren. Der Anlaß des Bruchs zwischen »Dom Sierot« und »Nasz Dom« wird niemals bekannt, weder Maryna Falska noch Janusz Korczak haben jemals darüber gesprochen.
Mit dem Zerwürfnis zwischen Janusz Korczak und Maryna Falska bricht auch die Verbindung zwischen den jüdischen und polnischen Kindern der beiden Häuser ab.
Korczak will nun die Leitung des Waisenhauses jüngeren Mitarbeitern überlassen. Stefania Wilczýnska möchte ihren Lebensabend in »Erez Israel« verbringen. Sie arbeitet bereits im Kibbuz »Ejn Harod« als Erzieherin.
Auch für Korczak wird der Gedanke an eine Auswanderung nach Palästina zu einem ernsthaften Plan.
»Vielleicht gibt mir Jerusalem etwas Kraft«, schreibt er sehnsüchtig. Aber im gleichen Brief entwirft er ein düsteres Bild seiner Zukunft: »Da ist die Verbannung, das Heimweh, ein so unpersönliches Leben, als blickte ich schon von der anderen Welt auf die teuflische Komödie der Wirklichkeit...«
Dann wieder träumt Korczak von einem einsamen Leben in der Wüste – von einem großen Waisenhaus am Fuß des Libanon, durch dessen gläsernes Dach er jede Nacht auf die Sterne Palästinas blicken kann...
Korczak reist schließlich doch nicht nach Palästina. In einem Brief an seinen Freund Zylberberg beschreibt er die vielen Schwierigkeiten, die sich der Auswanderung entgegenstellen: Die Sprache sei für ihn so schwer zu erlernen. In seinem Alter könne er den jungen Siedlern zu nichts mehr nütze sein.
»Woher Geld nehmen? Ich habe nur tausend Zloty. Das wäre gewiß

nicht so entscheidend, aber die Kleinigkeiten können einem zusetzen.«

Und 1937 schließt er den Plan einer Emigration endgültig aus:

»Es ist für mich eine Unmöglichkeit, daß ich aus Protest oder um zu fliehen reise. Ich will doch in den paar Jahren, die mir noch bleiben, Nutzen bringen...

Die Joscheks sind mir so nahe wie die Jascheks. Hier wurden genauso viele edle Regungen in den Kot getreten wie dort... Ich fühle mich dem Werk verpflichtet, dem ich dienen wollte. Die Arbeit meines ganzen Lebens habe ich damit verknüpft. Ich fühle mich schuldig, weil ich diese Welt in Verwirrung zurücklasse, weil ich zu schwach war, das Kind zu beschützen, und weil ich den Weg, den ich gefunden zu haben glaube, nicht zur Geltung brachte.«

Korczak bleibt in Warschau, bei seinen Kindern.

»Ich möchte ihre Zukunft sichern, damit auch der Schlechteste und Teuflischste nicht in das Gesicht des Guten spucke, nur weil er Jude ist.«

1938 kehrt auch Stefania Wilczyńska nach Warschau zurück. Sie ist inzwischen überzeugt, daß die Kinder in »Dom Sierot« sie notwendiger brauchen als in »Ejn Harod«.

Als Frucht seiner Begegnung mit »Erez Israel« ist bei Janusz Korczak der Plan entstanden, die Geschichte der Kinder der Bibel zu schreiben: von David, Salomon, Jeremiah zu erzählen – und von Jesus von Nazareth. Auch hier geht es ihm um eine Symbiose jüdischer und christlicher Kultur.

Er schreibt nur die Geschichte des Kindes Moses. Kaum zufällig hat Korczak gerade ihn als ersten gewählt: In einer Zeit der Verfolgung und Vernichtung seines Stammes geboren, war Moses dazu ausersehen, sein Volk zu sammeln und durch die Wüste in das Gelobte Land zu führen.

Aber die Geschichte Moses, so wie Korczak sie aufzeichnet, ist nicht die des mächtigen Führers, Wundertäters, Empfängers der Gesetzestafeln, sondern die des zum Tode verurteilten jüdischen Kindes, dessen Mutter Jochebet es vor den Häschern des Pharaos verbirgt.

»Ich bin nicht gebildet«, schreibt Korczak, »und ich weiß nicht, welche Paläste und Tempel es in Ägypten gab, denn anders waren sie in

anderen Zeiten. Aber ich weiß, daß die Behausungen armer Kinder immer eng, dunkel und traurig waren. Auch in unseren Tagen. Ich habe kein Kind vor den Soldaten des Feindes versteckt, aber ich stelle mir vor, daß Jochebet Moses nicht oft vor das Haus trug, in jenen Tagen, als sie ihn verbarg. Und deswegen kannte er die Nacht besser als den Tag.
Ich stelle mir vor, daß das Kind mit den Augen blinzelt und sich wundert, als es die grünen Bäume erblickt, den hohen Himmel – daß sein Atem tiefer wird, als es die frische Luft einatmet, daß es sich darüber freut, daß die Welt voll Licht und Höhe und Freude ist – jedoch nicht für einen jeden, denn manchmal ist die Welt wie die Sonne, aber manchmal wie eine sternlose Nacht…«
Moses ist ein Findelkind, von der Tochter des Pharaos an den Hof gebracht, fremd unter den Kindern der Ägypter:
»Quälten die Kinder im Hause Pharaos Mose, das fremde Kind, und nannten ihn: Hebräer? Oder spotteten sie seiner und sagten: ›Sohn eines Sklaven, von Hirten stammend‹? Oder beschämten sie ihn, indem sie sagten: ›Aus dem Wasser gezogen, von schwerer Zunge, dumpf und blöde‹? Oder beschimpften sie ihn ›Findelkind‹? Verstießen sie ihn und sagten: ›Gehe von dannen und spiele nicht mit uns, denn sonst schlagen wir dich und bewerfen dich mit Steinen‹?«
Janusz Korczak erzählt die Geschichte eines »fremden Kindes«, um allen Kindern in der Fremde zu sagen: Habt Mut und seid zuversichtlich! Und jenen, die eine Heimat haben und eine Familie, sagt er: Habt Mitleid und Verständnis für die Vaterlosen und Heimatlosen unter euch!

Tamara Karren, die den »alten Doktor Korczak« in dieser Zeit kennenlernt, hat von ihm folgendes Bild in Erinnerung:
»Er geht langsam, leise, etwas gebeugt, als würde eine Last seine Schultern beschweren und seine Bewegungen hemmen. Man merkt, daß er, wenn er geht und denkt, niemanden sieht, nicht einmal versucht, jemanden zu sehen. Kurzsichtig, Brillenträger, blickt er ein wenig über den Brillenrand hin.
Wenn er auf Versammelte zukommt, hebt er den Kopf und betrachtet sie seltsam, mit klugen und guten Augen.
Sein Lächeln drang in die Tiefe, und die Erinnerung an ihn war in

schwierigen Zeiten des Lebens oft Hilfe. Unscheinbar, grau, immer sauber, adrett gekleidet. Bluse, graugrüner Arztkittel in der Farbe des Pfadfinderleinens.
Korczak setzte allein durch seine Gegenwart die Wahrheit frei. Im Umgang mit ihm wurde jeder er selbst, sich seiner bewußt. Man spürte die Nichtigkeit der Verlogenheit und der Phrasen, der läppischen Äußerlichkeiten. Man sehnte sich geradezu nach der Einfachheit und Gedankenreinheit, die seine sonderbar guten Augen auf die Menschen ausstrahlten.«
Freunde und Mitarbeiter verehren den »alten Doktor«. 1937 erhält Janusz Korczak von der Polnischen Literaturakademie noch den »Goldenen Lorbeer« als Auszeichnung für sein Gesamtwerk. 1938 und 1939 erscheinen zwei Veröffentlichungen in Palästina: *Die Menschen sind gut* und: *Von den drei Unternehmungen Herschels*, die Geschichte vom langen Warten auf den Einzug in das Gelobte Land.
Auch in Polen werden von Korczak noch drei Feuilletons abgedruckt – allerdings ohne Angabe des Verfassers: *Die Einsamkeit des Kindes, Die Einsamkeit der Jugend, Die Einsamkeit des Alters.*

Ist Korczak in diesen Jahren einsam? – Nicht, wenn Einsamkeit »Alleinsein« bedeutet. Korczak betreibt seine Pensionierung, aber immer noch leitet er das Waisenhaus, und sein Tag ist angefüllt mit Arbeit und Verpflichtungen.
Wie eh und je besuchen ihn zahlreiche Freunde und ehemalige Zöglinge. Einmal, an einem warmen Frühlingstag, holt man ihn zu einer Spazierfahrt ab. Der alte Doktor wird zu einem Wald außerhalb Warschaus gefahren. Man will ihm eine Linde zeigen, die angeblich zweitausend Jahre alt ist. Eine Sehenswürdigkeit. Er besichtigt die Linde, bewundert sie gebührend und freut sich, als er ausruhen kann. Er ist sechzig Jahre alt.
Janusz Korczak betrachtet den uralten Baum, das goldgrüne Laub, das ein lichtflirrendes und zugleich schattenspendendes Dach ist. Wie so oft denkt er, daß er seine Heimat über alles liebt. Niemals wird er auswandern. Das war nur ein kurzer Traum. Die Mandelblüten Palästinas lassen ihn gleichgültig. Die ersten Kastanienblüten in den grauen Straßen Warschaus berühren sein Herz.

»Mein eigentliches Zuhause – das ist die Sliska, Panska, Komitetowa – Marianska – ich liebe Polen – nein, nicht Polen: Warschau! Weder Lemberg noch Posen, noch Gdingen, noch die Seen von Augustow, noch Zaleszczyki oder das Olsagebiet bedeuten mir etwas – ich war noch nie in Zakopane – Polesien, die See und der Urwald von Bialowieza lassen mich kalt. Die Weichsel bei Krakau ist mir fremd, und Gnesen kenne ich nicht, und ich möchte es auch gar nicht kennenlernen. Aber ich liebe die Weichsel bei Warschau, und ich habe brennendes Heimweh nach Warschau, wenn ich von ihm fern bin.

Warschau ist mein und ich bin sein. Ich bin Warschau. Mit dieser Stadt war ich fröhlich und traurig. Ihre Heiterkeit war meine Heiterkeit, ihr Regen und ihr Schmutz waren mein Regen und mein Schmutz. Mit Warschau bin ich groß geworden…«

Korczak erinnert sich daran, wie sehr er vor vielen Jahren in Kiew darunter gelitten hat, in der Fremde zu sein. Er besuchte damals regelmäßig ein Speiselokal, nur weil sie dort »Warschauer Kaldaunen« auf der Karte hatten. Korczak aß die Kaldaunen und weinte vor Heimweh.

Einige Tage nach dem Ausflug kehrt Janusz Korczak noch einmal zu der zweitausendjährigen Linde zurück. Diesmal ist er ohne die Freunde hergekommen. Er will mit dem uralten Baum allein sein. Er sucht die Nähe eines Wesens, das älter, viel älter ist als er, um ein bißchen zu meditieren – Bilanz zu ziehen.

»Wann beginnt das Alter und seine Einsamkeit? Mit den ersten grauen Haaren, dem ersten morschen Zahn, der nicht mehr nachwächst, mit dem ersten oder mit dem zwölften Grabhügel eines Meisters, eines Arbeitskollegen, mit den Torheiten oder mit den Hoffnungen? Oder mit einer Tochter, einem Sohn, die erwachsen werden, oder mit einem Enkel? Wie war das denn? Die erste Begegnung mit dem Alter? Kommt es näher, umstrickt es einen langsam – oder lauert es einem auf und stürzt sich plötzlich und mit ganzer Macht auf einen? Und du? Wehrst du dich dagegen? Oder fügst du dich? …Die Einsamkeit des Alters, ein Tagebuch – Beichte, Bilanz und Testament. Sorge wegen der Übergabe – was an wen? Die Fahne! Wird sie ein Schüler – ein einziger nur – ins Leben tragen? Wen hast du gestützt, als er strauchelte, wen hast du etwas gelehrt, und wem hast du den Weg gezeigt?«

Lange bleibt Korczak auf der Wiese und betrachtet die Linde. Bienen summen in der noch immer blühenden Krone des alten Baumes. Der dicke Stamm ist voll tiefer Schrunden und Narben, aber die Wurzeln ziehen noch Wasser aus der Erde.
Als er geht, berührt er für einen Augenblick ihre Rinde – so wie man einen Freund berührt, wenn man sich verabschiedet.
»Es ist doch wahr, daß eine Generation gar nicht so wichtig ist mit ihrem Unfug, ihren dummen Streichen?
Leb wohl! Bleib, wie du bist, Schwester.«
Korczak wiederholt dieses Wort, das ihn tröstet: »Es ist doch wahr, du alte Linde, daß eine einzelne Generation gar nicht so wichtig ist. Daß es weder Kinder noch junge Menschen, noch Greise, noch eine Einsamkeit gibt. Gibt es nicht vielmehr nur verschiedene, verschieden einsame Menschen, Bäume, Tiere, Pflanzen und Steine?
Es ist doch wahr, daß es viel mehr Gutes auf der Welt gibt – still, bescheiden, zaghaft. Ahnt man nicht seine Macht?«

Das Ghetto

Im Sommer 1938 spitzt der polnisch-deutsche Konflikt sich zu. Anlaß ist die Forderung Hitlers nach Rückgliederung Danzigs in das Deutsche Reich, nach einer exterritorialen Straßen- und Eisenbahnverbindung nach Westpreußen, durch den »Polnischen Korridor«; außerdem die Aufforderung, Polen solle dem »Anti-Komintern-Pakt« gegen die UdSSR beitreten.[14)] Diese Forderungen scheinen der polnischen Regierung unannehmbar. Trotz der machtpolitischen und militärischen Überlegenheit des Deutschen Reichs, trotz der Zerschlagung der Tschechoslowakei im März 1938, die von England und Frankreich nicht verhindert wurde, ist Polen zu keinen Verhandlungen über die Forderungen bereit. Dem deutschen Botschafter in Warschau wird mitgeteilt, daß jede Verletzung der Souveränität Danzigs Krieg mit Polen bedeute.

Als Anfang April 1939 England eine Garantieerklärung für Polens nationale Integrität abgibt, ergeht Hitlers Weisung an die deutsche Wehrmacht, Polen bei erster passender Gelegenheit anzugreifen. Der deutsch-polnische Nichtangriffspakt von 1934 wird von Hitler aufgekündigt.[15)] Die UdSSR verhandeln mit den Westmächten, Polen und Deutschland gleichzeitig. Für den Fall, daß sie Polen gegen Deutschland beistehen, verlangen sie die Zustimmung zum Durchmarsch russischer Truppen durch polnisches Gebiet. Die polnische Regierung lehnt dies ab.

Im Sommer 1939 schließen Deutschland und die UdSSR einen Nichtangriffspakt ab sowie einen geheimen Zusatzvertrag, der das besiegte Polen zwischen Deutschland und der Sowjetunion aufteilt. Polen schließt einen Beistandspakt mit England ab.

Bis zuletzt versuchen die Westmächte auf diplomatischem Weg, den Angriff auf Polen abzuwenden. Am Mittag des 31. August entschließt die polnische Regierung sich endlich zu direkter Kontaktnahme mit Berlin. Aber Hitler hat den Angriff bereits befohlen.

Am 1. September 1939 fallen die deutschen Truppen mit 52 Divisionen in Polen ein. Warschau wird von der deutschen Luftflotte bombardiert.

Am 3. September erklären England und Frankreich Deutschland

den Krieg, können Polen jedoch militärisch nicht mehr helfen. Der letzte Widerstand endet am 6. Oktober. Am 17. September marschieren die Truppen Stalins in Polen ein.
Die polnische Regierung hat die Hauptstadt aufgegeben; die höchsten Staatsbehörden sind nach Rumänien geflüchtet. Aber der Bürgermeister von Warschau, Starzynski, ruft die Bevölkerung der Stadt zum Widerstand auf. Wer kann, hilft beim Bau von Straßenbarrikaden. Tausende stellen sich um Gewehre an. Christen und Juden helfen zusammen, als hätte es den Separatismus und Antisemitismus der Vorkriegszeit nie gegeben. Auch streng orthodoxe Juden, die sich sonst von der christlichen Bevölkerung fernhalten, sieht man an den Barrikaden.
Drei Tage lang kämpft Warschau. Drei Tage lang brennen Gebäude, liegen Tote und Verwundete in den Straßen. Dann muß die Bevölkerung sich ergeben.

Seit der Mobilmachung polnischer Truppen, seit die akute Kriegsgefahr sich abzuzeichnen beginnt, ist Janusz Korczak wie verwandelt. Müdigkeit und Entschlußlosigkeit sind verschwunden. Erst glaubt er noch, man würde ihn wieder zum Heeresdienst einziehen. Bei einem Schneider in der Nowy-Swiat-Straße ersteht er eine Uniform, die er von nun an tragen wird, zum Zeichen seiner Zugehörigkeit zur polnischen Armee.
Als die ersten Bomben auf Warschau fallen, erinnert man sich beim Rundfunk an Janusz Korczak. Die Stimme des »Alten Doktors« soll die verängstigten Kinder beruhigen. Janusz Korczak spricht wieder zu den Kindern. Er ermahnt sie, die Anordnungen des Luftschutzes zu befolgen, und erzählt ihnen vom Heldenmut der polnischen Nation.
Nach den Luftangriffen geht er durch die Straßen, um verirrte und verletzte Kinder zu den Versorgungspunkten zu schaffen. Seine nächste Sorge gilt der Existenzsicherung der Kinder des Waisenhauses. Nach der Kapitulation Warschaus wendet er sich mit einem Aufruf an die Öffentlichkeit: »Die Kinder sind unsere Zukunft. Ich verlange 100 Zloty für das Waisenhaus. Ich fordere es und bitte nicht darum. Ich werde in den nächsten Tagen das Geld abholen, und ich werde keine Absage dulden.«

Korczaks Sorge ist nur allzu berechtigt. Unter der deutschen Besatzungsmacht setzen sofort Rationierungsmaßnahmen ein, und die jüdische Bevölkerung wird zusätzlich diskriminiert. Ihre Bewegungsfreiheit wird eingeschränkt, das Recht auf Eigentum begrenzt, jeder Jude muß eine weiße Armbinde mit blauem Davidstern tragen. Neugeschaffene »Judenräte« tragen die Verantwortung für die jüdische Bevölkerung der Städte.

Korczak kümmert sich nicht um seine persönliche Sicherheit. Er trägt weiterhin die polnische Uniform und weigert sich, die Armbinde anzulegen. Wo immer man ihn in diesen Wochen antrifft, geht es ihm um Kohlen oder Nahrungsmittel. Er taucht auch an Orten auf, die für Juden verboten sind – in Kaffeehäusern und Restaurants. Sieht er Bekannte, fragt er: »Hat jemand einen Sack Kartoffeln abzugeben?« Erhält er eine Zusage, so geht er sofort, um die Lebensmittel abzuholen. Niemand weiß, was morgen ist. Razzien entgeht der alte Mann wie durch ein Wunder.

Als er einmal bei einer Behörde vorspricht und sich ausweisen muß, scheint es mit seinem Glück vorbei zu sein. Der Beamte will wissen, warum Korczak als Jude keine Armbinde trägt, obwohl das Gesetz es vorschreibt. Korczak erläutert ihm seine Auffassung von Gesetzmäßigkeit:

»Wissen Sie, es gibt menschliche und göttliche Gesetze. Die menschlichen sind vorübergehend, die göttlichen ewig. Das Gesetz, wonach die Juden eine Armbinde tragen müssen, halte ich für menschlich, vorübergehend, und deshalb werde ich ihm nicht gehorchen.«

Der Beamte läßt Korczak laufen.

Noch im Sommer 1940 gelingt es Korczak, einen Aufenthalt der Waisenhauskinder im Ferienheim Goclawek zu organisieren. Aber die Welt, die ihnen offensteht, wird zunehmend enger. Juden dürfen nur bestimmte Geschäfte betreten, sie dürfen nur mit bestimmten Straßenbahnen fahren; der Aufenthalt im Sächsischen Garten und anderen Warschauer Parkanlagen ist ihnen verboten. In dieser Zeit beschließt Janusz Korczak, seinen Kindern eine Fahne zu geben. Die eine Seite der Fahne ist grün wie die Fahne König Hänschens. Kastanienblüten auf dem grünen Grund versinnbildlichen den Frühling. Der weiße Grund auf der anderen Seite trägt einen blauen Davidstern.

Eine Erinnerung von Hanna Mortkowicz-Olczakowa:
»An einem Frühlingstag rief mich Korczak in das Waisenhaus. Es handelte sich um eine Fahne, die man den Kindern schenken sollte und der nach Ansicht Korczaks in den Zeiten des Krieges und der Verachtung des Kindes eine große Bedeutung zuzumessen war. Die Fahne sollte am Grab von zwei verstorbenen Zöglingen des Hauses geweiht werden: Esterka Weintraub, verstorben 1917 an Flecktyphus, und Josef Sztokmann, der im September 1939 bei der Belagerung Warschaus eine Lungenentzündung bekommen hatte. Ich fand Frau Stefa und den Doktor über die Fotos der beiden Kinder gebeugt. Korczak hatte mein Hereinkommen offenbar nicht bemerkt. Er blickte auf die Gesichter der beiden mit einem Ausdruck schmerzlicher Anspannung und zwinkerte hilflos mit den Augen. Er war in diesem Augenblick ganz er selbst, ganz ohne Maske. Eine gewaltige Kraft des Gefühls verriet der hilflose Blick dieses Vaters. Unter den Tausenden, die gesund aufgewachsen waren, waren nur diese beiden verstorben. Eine Statistik hätte gesagt: wenig.
Doch Korczak rechnete nicht, er litt. Alle Schmerzen, Leidenschaften und Hoffnungen des Vaters, die ganze, grenzenlose Zärtlichkeit drückte sich in den geschwollenen Lidern, den nassen Augen, dem verzerrten Mund und den Stirnfurchen aus.«

Im Herbst 1940 wird der Norden Warschaus durch eine Mauer abgesperrt. Am 14. Oktober verkünden Straßenlautsprecher in ganz Warschau den Befehl zur Umsiedlung aller jüdischen Bewohner in dieses Viertel, in das »Ghetto«. Solche Ghettos werden auch in den anderen polnischen Großstädten geschaffen. Die Zahl der Menschen, die in diesem Sperrbezirk zusammengepfercht werden, beträgt 400.000; das sind elfhundert Menschen auf einem Hektar – sechs bis zwanzig Menschen wohnen in einem Raum.
Die Mauer durchschneidet die lange Krochmalna-Straße. Krochmalna 92, die Adresse vom »Dom Sierot«, ist jenseits der Mauern, im »arischen Teil« von Warschau. Verhandlungen mit den Behörden scheitern, auch das Waisenhaus muß umgesiedelt werden. Bei der Übersiedlung konfiszieren die deutschen Polizisten einen Lastwagen, der mit Kartoffeln beladen ist. Korczak läßt sich das nicht gefal-

len. In seiner polnischen Offiziersuniform geht er in das Palais Blank, den Sitz der deutschen Behörde. Die Deutschen wundern sich, daß ein Pole sich für ein jüdisches Waisenhaus einsetzt. Als Korczak ihnen sagt, daß er Jude ist, wird er verhaftet. Beim Verhör wird er geschlagen und aufgefordert, die Organisation zu verraten, die hinter »so einer unverschämten Demonstration« stünde.
Der alte Mann wird in den »Pawiak«, das berüchtigte Warschauer Gefängnis für politische Gefangene, gebracht und dort mehrere Monate festgehalten. Die Gestapo verlangt für seine Enthaftung 3000 Zloty. Ehemalige Zöglinge können diese Kaution durch eine Sammlung aufbringen und bewirken seine Entlassung.
Während dieser Zeit hat Stefania Wilczyńska – wie schon während des Ersten Weltkriegs – das Waisenhaus allein geleitet. Nach Korczaks Entlassung muß das Waisenhaus noch einmal umziehen. Ehemalige Zöglinge suchen Zuflucht in »Dom Sierot«. Zweihundert Kinder und Jugendliche sind nun in einem Gebäude in der Sliska-Straße, das viel zu klein ist und räumlich ungeeignet.
Korczak ist den halben Tag über zu Bittgängen und Verhandlungen unterwegs. Nachts sitzt er im Krankenzimmer des Waisenhauses, das nun seine Arbeits- und Schlafstätte ist. Immer noch trägt er Gewicht und Wachstum seiner Zöglinge ein. Aber er tut es nur noch mechanisch. Den Glauben an den Wert seiner Dokumentation hat er verloren.
Die Menschen in den Ghettos von Warschau und Krakau und Wilna und Lemberg und Lodz – insgesamt gibt es in Polen dreihundert Ghettos – wissen noch nicht, daß ihre völlige Vernichtung geplant ist. Am 21. September 1939 hat in Berlin eine geheime Beratung der deutschen Regierung zur »Judenfrage« stattgefunden. Als Ergebnis dieser Beratung hat Reinhard Heydrich Richtlinien ausgearbeitet, die auf die totale Vernichtung der Juden hinauslaufen. Die Verschleppung der jüdischen Bevölkerung aus Deutschland, Österreich und Ungarn nach Polen und ihre Konzentration in Ghettos bilden dazu die ersten Schritte.
Durch eine Verordnung vom 15. Oktober 1941 wird in Warschau bei Todesstrafe verboten, die jüdischen Wohngebiete ohne Genehmigung (Passierschein) zu verlassen. Den Polen wird bei Todesstrafe verboten, einem Juden Zuflucht zu gewähren.

Das Ghetto ist in einem dicht bebauten Stadtteil von Warschau angelegt worden. Es besitzt keinen Park. Die einzige Grünfläche ist der Friedhof.
Im Januar 1942 kommen in den schon überfüllten und ausgehungerten Stadtteil noch mehr Juden aus den Städten und Dörfern des Distrikts Warschau. Die Bevölkerungszahl steigt auf 500.000 an. Den meisten Bewohnern des Ghettos ist durch das Verbot, im »arischen Teil« der Stadt zu arbeiten, jede Verdienstmöglichkeit genommen. Die meisten »Umsiedler« kommen mittellos an. Nur eine Minderheit des Ghettos kann einer bezahlten Erwerbstätigkeit nachgehen – sei es, daß sie schon vorher hier ansässig und beschäftigt waren oder daß sie in einer Fabrik für die Deutschen arbeiten. Die wohlhabenden Juden verkaufen nach und nach ihre Wertsachen. Trotz scharfer Kontrolle und Bewachung der Eingänge zum Ghetto blüht der Schmuggel. Die Schmuggler kommen durch unterirdische Kellergänge, durch Kanäle, durch Häuser mit zwei Eingängen, durch den jüdischen Friedhof, der an den christlichen Friedhof auf der »arischen« Seite grenzt.
Eine wichtige Rolle bei der Existenzsicherung kommt den Kindern und Jugendlichen zu. Da sie kleiner sind, können sie leichter durch Stacheldraht schlüpfen oder über eine Mauer gehoben werden. Sie betteln außerhalb des Ghettos oder schmuggeln. Wenn sie dabei entdeckt werden, werden sie erschossen.
Henryka Lazowertówna hat zum Gedenken an diese Kinder geschrieben:

»Durch Mauern, durch Löcher, an Posten vorbei,
durch Drähte, durch Trümmer, durch Zäune,
ausgehungert, verwegen, verbissen
husche ich, sause wie eine Katze.
Unter dem Arm einen leinenen Sack,
auf dem Rücken zerrissene Lumpen,
und ewig Angst im Herzen...«

Offiziell ist Brot für Juden nur auf Karten zu bekommen, und zwar 750 Gramm wöchentlich. Aber für die meisten ist selbst diese geringe Menge unerschwinglich. Auf der anderen Seite gibt es im Ghetto Unternehmer, die den Schmuggel in großem Maßstab betreiben –

gegen Gold, Schmuck, Valuta. Sie verdienen in dieser Zeit ein Vermögen.

Die erste große Todeswelle kommt mit dem Winter 1940. Ganze Familien, ganze Häuser im Ghetto sterben aus, an Flecktyphus, Kälte, Hunger. Und am schnellsten sterben die Kinder: »Völlig verelendet und erniedrigt, auf Strohlagern zusammengepfercht, hungrig, geschwächt und zerlumpt. Die Politik der Nazibehörden gegenüber der jüdischen Bevölkerung zielte darauf ab, diese völlig auszuhungern.«*

Der »Pinkiert-Bestattungsdienst« kommt mit dem Abtransport der Leichen nicht nach.

In den Straßen kommt es zu Überfällen. Manche reißen jedes Päckchen an sich, das nach Essen aussieht, schlingen ihre Beute noch während des Davonlaufens in sich hinein – selbst wenn sie von ihren Opfern eingeholt und verprügelt werden, stopfen sie sich noch den Mund voll.

Joe Heydecker, ein deutscher Soldat, geht ins Ghetto, um heimlich zu fotografieren. Seine Bilder sollen später Zeugnis ablegen. Er selbst sagt dazu:

»Die meisten Menschen, die ich in den überfüllten, brodelnden Straßen und Gassen des Ghettos sah, waren abgerissen gekleidet, und vieltausendmal mehr, als ich fotografierte, waren in Lumpen gehüllt, kauerten, lagen oder schliefen an den Straßenrändern, wimmerten, flehten um eine Gabe. Sie warteten vergebens, die Füße in alte Säcke gewickelt, mit Hungeraugen, hohlen Wangen, ohne Zuflucht vor der Kälte. Zu einem der herzzerreißenden Kinder hockte ich mich nieder. Ich zählte die Münzen in seiner Bettelhaube: 26 Groszy, nach damaligem Wertverhältnis 13 Pfennig. Dabei waren die Preise für alle Lebensmittel schwindelhaft hoch. Nach deutschem Geld zahlte man für einen Laib Brot 200 Mark, für ein Paar guterhaltener Schuhe 2000 Mark, für ein Pfund Ochsenfleisch 600 Mark. Zahlreiche Juden begingen in letzter Verzweiflung Selbstmord. Eine Dosis Zyankali wurde mit 4000 Mark gehandelt.

Es war nicht übermächtiges Verhängnis, nicht schicksalhafter Untergang, dem diese Kinder, diese vielen zehntausend Menschen des

* Roman Hrabar/Zofia Tokarz/Jacez E. Wilczur, Kinder im Krieg – Krieg gegen Kinder (Literaturhinweise am Ende des Bandes)

Warschauer Ghettos in Kälte, Entbehrung und Hunger erlagen, sondern geplante Vernichtung. Nicht allgemeine Knappheit an Wohnraum, Kleidung, Medikamenten, Nahrungsmitteln, nicht ein überall herrschender Mangel im deutschen Machtbereich lieferte sie dem Elend aus, sondern künstlich erzeugte Not, von Deutschen ersonnen und gegen wehrlose Gefangene hinter der Ghettomauer in die Tat umgesetzt.«

Im Ghetto gibt es viele Kinder, die nicht mehr das Bett verlassen, gefesselt von Krankheit, Schwäche, Kälte.
Ihre Welt ist zusammengeschrumpft auf die fleckige Wand vor ihren Augen und auf ihre Träume.
Einmal, vor langer Zeit, hat ein Mädchen dem »alten Doktor« erzählt, was sie tut, wenn sie Kummer hat und nicht einschlafen kann: Sie stellt sich dann vor, auf der einen Seite des Kopfkissens sei Winter, und es schneit. Und auf der anderen Seite ist Frühling, da gibt es Blumen und Schmetterlinge...
Irgendwo im Ghetto schreibt der Gymnasiast Dawid in sein Tagebuch: »Vorläufig ist mein Schülerdasein bestenfalls aufgeschoben. Ob ich irgendwann noch einmal Schüler sein werde, weiß ich nicht. Ich möchte es bezweifeln. Vielleicht aber doch. Jetzt ist es jedoch die Hauptsache, Geld zu verdienen und weiterzumachen. Nur durchhalten, nur weitermachen...«
Das Ghetto hat auch andere Seiten: Bücher werden gekauft, Konzerte veranstaltet. Es gibt illegale Schulen und Arbeitskreise, Autorenlesungen und Vorträge von Wissenschaftlern. Die Kirchen sind immer voll von Menschen – nicht nur die Synagoge, auch die Kirche der Allerheiligsten Jungfrau Maria.
Und wieder eine andere Seite des Ghettos sind die Feste und »Zerstreuungen« der Spekulanten und Schieber, die sich um ihren Profit jeden Luxus leisten können. An ihren Tischen wird Champagner getrunken, während draußen in den Straßen Kinder verhungern. Korczak kommt bei seinen Bittgängen auch in solche Häuser. Er kennt alle Gesichter und Fratzen des Ghettos, als er in seinen *Erinnerungen* schreibt: »Gefängnis – Seuchenspital – Balzplatz – Irrenhaus – Spielhölle. Monaco. Einsatz: der eigene Kopf.«
In dieser Zeit höchster existentieller Bedrohung vergißt Korczak,

daß er Funktionär irgendeiner Gesellschaft ist, die ihn mit der Aufgabe betraut hat, ein Waisenhaus zu leiten. Er wird zum Vater seiner Kinder, besessen von dem Entschluß, sie alle durch die Gefahren des Kriegs und des Ghettos zu bringen. Es geht ihm nicht mehr um die Rechte und Lebenschancen der Kinder der Welt oder Polens, sondern nur noch um »seine Kinder«. Sie müssen überleben. Er schreibt Bittbriefe und Drohbriefe. Beschimpft jene, die nichts geben wollen. Er randaliert, bis man ihn auf die Straße wirft.
Zu Hause, in »Dom Sierot«, muß alles seinen gewohnten Gang gehen. Nur die Routine, die Befolgung der täglichen Pflichten, das tägliche Gebet, das Spiel können den Ausbruch einer Psychose verhindern.
Igor Abramow Newerly, der Korczak immer wieder im Ghetto besucht, berichtet über das Waisenhaus in der Sliska-Straße:
»Im ganzen Haus herrschten Frieden und sinnvolle Ordnung, als ob die Kinder dort schon lange beieinander wohnten. Die Organisation der Kindergemeinschaft, so wie Korczak sie entwickelt hatte – Gericht, Selbstverwaltung, Zeitung – der frühere normale Tages- und Beschäftigungsplan mit Tagesdiensten und Schulstunden, das alles blieb erhalten.
Die Kinder lernten, hielten das Haus sauber und sorgten für Ordnung, arbeiteten in der Schneiderei und in der Küche, jede Woche wurden sie gewogen und gemessen. Nur die ältesten Jungen gingen zu Bauarbeiten innerhalb des Ghettos, auf den Ostbahnhof zum Entladen von Kohle oder zum Verlegen von Schienen. Dabei konnten sie immer etwas eintauschen und etwas zu essen mitbringen.
Die Verpflegung im Haus der Waisen war dürftig, für Ghettoverhältnisse jedoch luxuriös. Die Kinder bekamen morgens eine Schnitte Brot und schwarzen Malzkaffee oder heißes Wasser, das mit gefärbtem Sacharin wie ›Tee‹ aussah. Zu Mittag gab es Kartoffeln oder Grütze mit Pferdeblut, nahrhaft und wohlschmeckend zubereitet. Manchmal waren auch Pferdefleisch und Tran auf dem Speisezettel. Den Tagesablauf im Haus der Waisen leitet Stefania Wilczyńska. Korczak ging morgens fort und kehrte erst spät zurück. Er ging zur Jüdischen Gemeinde, zum Centos[16)], zum Jüdischen Hilfskomitee, in die Häuser der Reichen, und er erschien auch in den Zimmern berüchtigter, völlig kompromittierter Kollaborateure. Er bettelte,

drohte, schlug sich herum. Es war ihm gleichgültig, wer etwas gab und ob es auch für die anderen reichte. Er war Vater von zweihundert Kindern, und für die mußte er alles haben.
Das war nun schon ein anderer Korczak: erschöpft, verbittert, mißtrauisch und bereit, einen höllischen Krach um ein Faß Sauerkraut, um einen Sack Mehl zu machen…«

Janusz Korczak sitzt in einem kleinen kahlen Raum am Schreibtisch. Neben dem Schreibtisch steht sein Bett. Hinter einer Wand aus Sperrholz, in einem zweiten Bett, liegt hustend Azrylewicz, Vater einer Erzieherin, der langsam an Tuberkulose stirbt.
Die Fenster sind laut Befehl »verdunkelt«.
Janusz Korczak, der hier, im »Isolierraum« des Waisenhauses seine *Erinnerungen* aufschreibt, ist vierundsechzig Jahre alt. Er leidet an einer Herzmuskelschwäche, an chronischen Kopfschmerzen und geschwollenen Beinen. Die *Erinnerungen* – das ist nicht nur Rückschau auf Kindheit und Jugend, das ist auch der Blick auf den letzten vergangenen Tag, das sind auch Träume von der Zukunft, eine Liste der Bücher, die er noch schreiben will: über die Emanzipation der Frau – über Mendel – über Nationalität, Volk, Kosmopolitismus, über das Böse und die Bosheit…
Oberflächlich scheint es ein Labyrinth von Assoziationen, utopischen Entwürfen, surrealen Erzählungen und aberwitzigen wahren Episoden, die alle um den einen dunklen Mittelpunkt kreisen: das Ghetto. Der Strudel, der sie hinabzieht. Das Ungeheuer, das sie alle verschlingen wird. Aber nur scheinbar sind die *Erinnerungen* zusammenhanglos und chaotisch. Jeder Sprung des Gedankens, jede vermeintliche Abirrung, jedes jähe Verstummen hat seine Bedeutung. Die *Erinnerungen* sind die ohnmächtige Suche nach Vernunft, nach Sinn, nach Hoffnung. Schreibend kämpft Korczak gegen das Ghetto und gegen die Henker und gegen die Welt, in der es geschieht. »Nicht mich will ich retten, sondern meine Idee.«
In der Novelle *Von den drei Unternehmungen Herschels* hat Korczak vom römischen Kaiser Titus erzählt, der den Tempel verbrennen ließ und alle Juden der Welt vernichten wollte. Aus den brennenden Pergamentrollen des Tempels aber flogen die heiligen Schriftzeichen zum Himmel auf und meldeten es Gott.

Wer meldet es Gott diesmal?

Ein Leben lang suchte Korczak Gott. Seinen Kinderglauben hat er verloren. Aber er ist überzeugt: Der Mensch braucht eine Religion, die Verbindung mit dem Heiligen. Insbesondere die Waisenkinder will er nicht ohne den Trost des Gebets lassen. Darüber ist es oft zu Auseinandersetzungen mit Maryna Falska gekommen, die überzeugte Atheistin ist. Aber Korczak führte das regelmäßige Gebet ein und feiert mit den Kindern des Waisenhauses die jüdischen wie die christlichen Feste. Nach dem Tod seiner Mutter 1919, nach einer Krise, die ihn dem Selbstmord nahe brachte, schrieb Korczak die *Gebete eines Menschen, der nicht betet*. Eines davon lautet:
»Ich habe dich, mein Gott, gefunden und freue mich wie ein verirrtes Kind, wenn es aus der Ferne eine vertraute Gestalt erblickt. Ich habe dich gefunden, mein Gott, und ich freue mich wie ein Kind, wenn es, aus bösem Schlaf erweckt, das sanft lächelnde Gesicht mit heiterem Lächeln begrüßt. Ich habe dich gefunden, mein Gott, wie ein Kind, das, einer schlechten, fremden Pflege anvertraut, geflohen ist und nach so vielen Mühen, nach Abenteuern, sich endlich an die treue Brust schmiegt, in das Lied des Herzens, dem es aufmerksam lauscht.«
Dieses Gebet läßt ahnen, daß es der verlorene Vater ist, den Korczak in Gott sucht, ein überirdischer Vater, den er auch seinen Waisenkindern nicht vorenthalten will.
Eine Welt ohne Gott, das ist nichts anderes als die Hölle, der finstere Raum.
Die Eintragungen beginnen am 15. Mai 1942.
»Eine lustige Erinnerung: Ich sagte zur Verkäuferin: ›Mein liebes Fräulein, ist diese Wurst nicht womöglich aus Menschenfleisch, denn für Pferdefleisch ist sie zu billig.‹
Und sie antwortet darauf:
›Das weiß ich nicht, ich war nicht dabei, als sie gemacht wurde.‹
Sie war nicht entrüstet, lächelte dem witzigen Kunden nicht höflich zu, verriet nicht einmal durch ein Achselzucken, daß dieser Scherz ein wenig gespenstisch – makaber sei...«
Korczak schreibt:
»Ich huste, das ist eine schwere Arbeit. Vom Gehsteig auf die Fahr-

bahn hinuntersteigen, von dort wieder auf den Gehsteig klettern. Ein Passant stieß mich, ich schwankte und lehnte mich an eine Hauswand.

Aber das ist keine Schwäche. Ohne allzu große Anstrengung hob ich einen Schulbuben hoch, dreißig Kilogramm lebendigen, widerspenstigen Gewichts. Nicht die Kraft fehlt, es fehlt die Willensstärke. Wie bei einem Kokainsüchtigen. Ich dachte schon, es könnte am Tabak liegen, am rohen Gemüse, an der Luft, die wir atmen. Denn es geht nicht mir allein so.

Schlafwandler – Morphinisten.«

»Neben dem Gehsteig liegt ein halbwüchsiger Bub, vielleicht lebt er noch, vielleicht ist er auch schon tot. Und gleich daneben sind drei Buben beim Pferdchenspielen die Zügel durcheinander geraten. Sie halten Rat, probieren, werden ungeduldig und stoßen dabei mit den Füßen an den Daliegenden. Endlich meint einer:

›Laßt uns hier weggehen, der ist uns im Weg.‹

Sie gehen ein paar Schritte weiter und machen sich wieder über ihre Leine her.«

Korczak gibt den Inhalt eines Briefes wieder, den Kinder im Waisenhaus verfaßten:

»An den hochwürdigen Herrn Pfarrer von der Gemeinde Aller-Heiligen. Wir bitten den sehr verehrten Herrn Pfarrer höflichst, uns in seiner Güte zu erlauben, ein paarmal samstags in den Morgenstunden (sechs Uhr dreißig bis zehn Uhr) in den Kirchgarten zu gehen. Wir sehnen uns nach ein bißchen Luft und Grün. Bei uns ist es eng und dumpf. Wir möchten die Natur kennen und lieben lernen. Die Anpflanzungen werden wir nicht beschädigen. Wir bitten inständig darum, unsere Bitte nicht abzuschlagen. Zygmuś, Semi, Abrasza, Hanka, Aronek.«

Korczak überläßt sich seinen Gedanken, die aus dem Ghetto hinausführen in die Vergangenheit – und wieder in das Ghetto zurück.

»Gestern ging ein starker Wind und wirbelte Staub auf. Die Passanten kniffen die Augen zu und hielten sich die Hände vors Gesicht. Von einer Seereise ist mir dieses in Erinnerung geblieben: Ein kleines Mädchen steht auf dem Schiffsdeck, vor dem Hintergrund des saphirgrünen Meeres. Plötzlich kam ein starker Wind auf. Die

Kleine machte die Augen zu und verdeckte sie mit ihren Händen. Aber dann blinzelte sie doch neugierig, und o Wunder: Zum ersten Mal in ihrem Leben ein reiner Wind. Er bläst keinen Staub in die Augen. Zweimal probierte sie es aus, bevor sie Vertrauen faßte und die Hände auf die Reling stützte. Und der Wind wiegte und kämmte ihr Haar. Mutig und erstaunt machte sie die Augen weit auf. Verlegen lächelte sie.
›Es gibt einen Wind ohne schmutzigen Staub, aber ich habe davon nicht gewußt. Ich habe nicht gewußt, daß es auf der Welt reine Luft gibt. Jetzt weiß ich es.‹
Ein Junge sagte, als er das ›Haus der Waisen‹ verließ, zu mir: ›Wenn dieses Haus nicht wäre, ich wüßte nicht, daß es auf dieser Welt ehrliche Menschen gibt, die nicht stehlen. Ich wüßte nicht, daß man die Wahrheit sagen kann, und ich wüßte nicht, daß es auf dieser Welt gerechte Gesetze gibt.‹«
Ehrlichkeit – Gesetze. Bedeuten sie nicht längst Hungertod und Vernichtung? Korczak wird beschuldigt, in seinem Haus aufgetretene Typhusfälle nicht gemeldet zu haben, obwohl es Vorschrift ist und zum Wohl der Allgemeinheit unbedingt notwendig. Aber die Allgemeinheit ist für Korczak unwichtig geworden.
»Ich war im Gesundheitsamt, und irgendwie ist die Sache bereinigt und für die Zukunft geregelt worden. Ich habe zwei Briefe an zwei verschiedene Ämter geschrieben. An die eine Behörde habe ich ein Versprechen gegeben, das ich nicht halten werde…«
Ehrlichkeit? Rechtschaffenheit? Witze von gestern.
Korczak schreibt weiter:
»Eine Kaufmannsfrau antwortete auf die Beanstandungen einer Kundin: ›Das ist weder eine Ware, noch ist das ein Geschäft. Sie sind weder eine Kundin, noch bin ich eine Kaufmannsfrau. Ich verkaufe Ihnen nichts, und Sie bezahlen mir nichts, denn diese Papierchen sind doch kein Geld. Sie verlieren nichts, und ich verdiene nichts. Wer betrügt denn heute schon und wozu? Aber man muß eben etwas tun, ist es nicht so?‹
Wollte mir jemand ein Meßbuch geben, ich hielte zur Not einen Gottesdienst ab. Aber ich könnte keine Predigt an Schäfchen mit Armbinden richten. Die einzelnen Sätze würden mir im Halse steckenbleiben, und ich würde in ihren Augen die Frage lesen:

›Also, was ist? Ja, und was weiter?‹
Beim Amen würde ich steckenbleiben.«

Korczak ist Vater von zweihundert Kindern, die er ernähren und gesunderhalten muß. Die Typhusepidemie ist gebannt. Mangelkrankheiten drohen. Korczak berät sich mit befreundeten Ärzten über die Verabreichung von Vitamin B. Was ist besser: Bierhefe oder Bäckerhefe? Und woher soll man sie nehmen?
Außerhalb des Ghettos hat das Waisenhaus Freunde. Der Hämatologe Ludwik Hirszfeld beauftragt den Pharmazeuten Stefan Homme, Medikamente und sanitäres Gerät zu Händen von Korczak zu schmuggeln.
Immer wieder wird versucht, Korczak zur Flucht zu überreden. Maryna Falska bietet ihm eine gut getarnte Wohnung in Bielany an. Igor Abramow Newerly kommt mit einem gefälschten Passierschein zu Korczak.
»Er lehnte ab. Mehr noch, er war überrascht. Er hatte einfach nicht von mir erwartet, daß ich ihm so einen nichtswürdigen Vorschlag unterbreiten werde – die Kinder angesichts des Todes im Stich zu lassen.«
Korczak meint, die Gestalt des Todes zu kennen: Hunger – Mangel – Krankheit. Er weiß nicht, daß ihrer aller Tod am Schreibtisch beschlossen worden ist. Die planmäßige Ausrottung von Millionen Menschen vermag er sich nicht vorzustellen.
Zum ersten Mal in der Geschichte wird der Krieg systematisch auch gegen Kinder, ja Säuglinge geführt. Von den insgesamt sechs Millionen Polen, die von 1939 bis 1945 umkommen, sind über ein Drittel – 2.200.000 – Kinder und Jugendliche.
Kinder sterben bei Erschießungen und Verschleppungsaktionen, aus Mangel an ärztlicher Versorgung und aus Entkräftung in der Folge von Schwerarbeit. Kinder sterben in Konzentrations- und Vernichtungslagern.
Im »Generalplan Ost« der Nationalsozialisten ist vorgesehen, achtzig bis fünfundachtzig Prozent der Polen auszusiedeln. Der Rest soll als Arbeitskräfte zur Verfügung stehen. Die polnische Intelligenz soll zur Gänze liquidiert werden.
Ärzte, Wissenschaftler, Lehrer sind die ersten, die in die Lager kom-

men und hingerichtet werden. Um das Aufkommen einer neuen Intelligenz zu verhindern, soll in Zukunft der Schulunterricht für polnische Kinder eingeschränkt werden auf einfaches Rechnen bis 500 und Schreiben des Namens. Lesen hält Heinrich Himmler nicht für erforderlich. Er erwartet, daß bei konsequenter Durchführung aller Maßnahmen im Lauf der nächsten zehn Jahre nur eine »minderwertige« Bevölkerung in Polen zurückbleiben werde, die dazu berufen ist, bei den »ewigen Kulturtaten und Bauwerken des deutschen Volkes« mitzuarbeiten. Mit anderen Worten: Sklavenarbeiter.

An der jüdischen Bevölkerung Polens und der von den Nazis besetzten Länder wird die Ausrottung der »Untermenschen« exemplarisch durchgeführt.

Unter dem Vorwand einer »Umsiedlung in den Osten« werden 1942 die Bewohner der Ghettos in die neugeschaffenen Vernichtungslager Treblinka, Sobibor, Belzec, Auschwitz-Birkenau und Majdanek geschickt.

Einer der Überlebenden des Warschauer Ghettos, Marek Edelmann, berichtet 1945:

»Angesichts fehlenden unmittelbaren Kontakts mit der Provinz nimmt das Warschauer Ghetto diese Nachrichten mit Mißtrauen auf, führt tausend Argumente an, die selbst das kleinste Quentchen Wahrscheinlichkeit dieser Berichte zerstören, es verbietet sich der Gedanke daran, daß ein ähnliches Verbrechen sich in der Hauptstadt Polens wiederholen kann, wo mehr als 300.000 Juden wohnen.«

Ja, es kommt zu der absurd-tragischen Situation, daß die Juden den Versprechungen der deutschen Behörden eher Glauben schenken als der Untergrundbewegung. Die Deutschen geben Verordnungen und Vorschriften bekannt, das ist etwas, an dem man sich orientieren kann. Der Judenrat, die Verwaltung des Ghettos, veröffentlicht regelmäßig neue Befehle der Deutschen. Diese Anordnungen stellen eine geschickte Strategie der Aufspaltung und Entsolidarisierung der jüdischen Bevölkerung dar: Wer eine Beschäftigung nachweisen kann, wird nicht deportiert, nur »unproduktive Elemente« werden verschickt. Wer mit einem Mitglied des Jüdischen Hilfsrats verwandt ist, ist sicher vor Deportation – wer mit einem Polizisten verheiratet ist – wer noch etwas zu verkaufen hat...

In den schlaflosen Nächten schreibt Janusz Korczak über das Recht auf einen freiwilligen Tod – Euthanasie, Selbstmord. Er überlegt, ob es gnädig wäre, den Kindern und Greisen im Ghetto Morphium zu geben, entscheidet dann, daß es Mord wäre.
Was tun mit den Kindern und Greisen?
Wie alle anderen glaubt er immer noch, daß zumindest die »arbeitsfähigen« Juden umgesiedelt würden. Man braucht doch Arbeitskräfte!
Korczak schreibt über das Recht auf Selbstmord – die letzte Freiheit, die der geschundene Mensch hat. Er meint, daß es unbedingt notwendig sei, sich in Zukunft mit dem massenhaften Selbstmord auseinanderzusetzen: »Es gibt Probleme, die wie blutgetränkte Lappen auf dem Weg liegen. Die Menschen gehen auf die andere Straßenseite hinüber oder wenden sich ab, um nichts zu sehen. Ich tue das auch.«
Auch Korczak tut es. Er verdrängt den Gedanken, daß es nicht Selbstmord, sondern Mord ist, massenhafter Mord, mit dem er sich auseinandersetzen müßte. Das Undenkbare wird nicht gedacht. Statt dessen phantasiert Korczak von einer Maschine gegen Unmenschlichkeit: »Ich habe eine Maschine erfunden (einen sehr genauen, komplizierten Mechanismus erarbeitet) . Eine Art Mikroskop. Die Skala ist Hundert.
Wenn ich das Mikrometer auf neunundneunzig stelle, stirbt alles, was noch nicht einmal ein einziges Prozent Menschlichkeit besitzt. Es gab alle Hände voll zu tun. Ich mußte feststellen, wie viele Menschen (Lebewesen) jedesmal ausfallen, wer an ihre Stelle tritt und wie diese Säuberung aussehen werde; ein provisorisches neues Leben. Nach einem Jahr voller Überlegungen (natürlich in der Nacht) hatte ich diese Destillation bis zur Hälfte vorangetrieben. Die Menschen waren nur noch Halb-Vieh, die übrigen sind umgekommen. Wie genau meine Voraussagen waren, beweist, daß ich mich selbst aus diesem eigenwilligen Organismus vollkommen eliminiert hatte. Ich konnte doch, wenn ich eine Schraube meines Mikroskops überdrehte, mir selbst das Leben nehmen. Und was dann?«
Janusz Korczak beobachtet die »Ordnung« der Nationalsozialisten, dieses unheilvolle Amalgam aus Bürokratismus und Brutalität. Noch immer redet er sich ein, daß sie nur eine »Umverteilung« der Bevölkerung planen, die Umsiedlung in den Osten.

»Ich klage die Deutschen nicht an«, schreibt er. »Sie arbeiten, oder besser, sie planen, logisch und mit Erfolg...«
Der Autor des *Senats der Verrückten* läßt in seinem Pandämonium eine neue Figur auftreten: den Deutschen, der »Ordnung« in die Welt bringt. Ihm gegenüber verstummen alle anderen Stimmen...
In den *Erinnerungen* läßt er »die Geschichte« durch den Mund der Deutschen sprechen: »Die Juden nach Osten. Jetzt gibt es kein Gefeilsche mehr. Es geht nicht um die jüdische Großmutter, sondern darum, wo du nötiger gebraucht wirst – deine Hände, dein Kopf, deine Zeit und dein Leben. Großmutter hin oder her...
Du kannst nicht in den Osten? Du kommst dort um? Dann triff eine andere Wahl. Das kannst du nur selbst, und du mußt es riskieren. Denn wir müssen dich doch zum Schein daran hindern, drohen, verfolgen und widerwillig bestrafen.
Du kommst aufdringlich mit einem neuen Geldpaket. Wir haben dafür weder Zeit noch Lust. Wir spielen den Krieg nicht als eine kleine Auseinandersetzung, sondern man hat uns befohlen, den Krieg möglichst rasch und gründlich und möglichst redlich zu führen. Das ist weder eine saubere, noch eine angenehme oder wohlriechende Arbeit.
Verzeiht, aber der Zug muß planmäßig verkehren, nach seinen vorbestimmten Zeiten.
Das ist das Gleis.
Hier ziehen die Italiener, Franzosen, Rumänen, Tschechen, Ungarn vorbei. Dort die Japaner, Chinesen, sogar die von den Salomo-Inseln und die Menschenfresser. Landwirte, Bergbewohner, Städter, Intelligenz. Wir, die Deutschen –
Wir sind eine eiserne Walze oder ein Pflug oder eine Sichel. Wenn aus diesem Mehl nur Brot wird. Und das wird es, wenn ihr uns dabei nicht stört, nicht hindert, jammert, erregt und die Luft verpestet. Auch wenn wir manchmal Mitleid mit euch haben – wir müssen mit der Peitsche, dem Knüppel oder mit dem Bleistift arbeiten – es muß ja Ordnung herrschen...«
Akzeptiert Korczak den Untergang der Juden? An einer anderen Stelle in den *Erinnerungen*, diesem furchtbaren Nacht-Buch, schreibt er:
»Wenn die Kartoffelstauden allzu üppig wuchsen, fuhr eine schwere

Walze über sie hinweg und zerquetschte sie, damit die Frucht in der Erde Zeit gewann, besser zu reifen.«
Vielleicht ist es leichter, für »die Geschichte«, für einen fernen Sinn zu sterben, als für die Zwecke von Verbrechern und Befehlsempfängern.

Janusz Korczak wird von Alpträumen gequält: »Im Zug schleppt man mich – Meter für Meter – in ein Abteil, in dem schon mehrere Juden sind. Heute nacht sind wieder Menschen gestorben. Kinderleichen. Ein totes Kind in einem Zuber. Ein anderes, mit abgezogener Haut, auf der Pritsche in der Leichenhalle, atmet noch deutlich...
Im gefährlichsten Augenblick wache ich schweißüberströmt auf. Ob der Tod ein solches Erwachen in einem Augenblick ist, in dem es scheinbar keinen Ausweg mehr gibt?«
In seinen nächtlichen Niederschriften träumt Janusz Korczak sich fort von der Erde. »...als blickte ich schon von einer anderen Welt auf die teuflische Komödie der Wirklichkeit.«
Er schreibt sein letztes Märchen, die seltsame Erzählung vom Planeten *Rho*.
Auf diesem fernen Planeten lebt ein Gelehrter, Professor Zi. Seine Beschäftigung ist es, die Sternenwelt mit Hilfe eines komplizierten Meßgeräts zu beobachten. Das »Astropsychomikrometer« mißt die psychischen Bewegungen im Weltraum. Durch akustische Signale – Summen – zeigt es das Schwanken seelischer Energien an, registriert sie als Schwingungen oder projiziert sie als Bilder auf eine Leinwand.
Mit Hilfe dieses Geräts beobachtet Professor Zi die Erde und muß feststellen, daß die Leidenskurve wieder in die Höhe geschnellt ist.
»Unordnung, Unruhe, niederträchtige Gefühle breiten sich aus, herrschen vor. Armselig, voller Schmerzen, unsauber ist das Leben dort. Seine Unordnung stört den Lauf der Zeit und den der Empfindungen...
Die Nadel vibriert wieder, die Leidenskurve ist in die Höhe geschnellt.
Eins – zwei – drei – vier – fünf –
Der Astronom Zi runzelt die Stirn.
›Sollte man dieses unvernünftige Spiel nicht unterbrechen? Dieses

blutige Vergnügen? Die Lebewesen auf der Erde haben doch Blut in den Adern. Und sie kennen Tränen und klagen, wenn sie Schmerzen haben. Ob sie nicht glücklich sein wollen? Oder irren sie, können sie das Glück nicht finden? Finster ist es dort bei ihnen und stürmisch, Staubwolken machen sie blind.‹
Die Nadel zeigt in schneller Folge immer neue Erschütterungen an. Professor Zi seufzte und schloß die Augen. Er legte die Spitze des Astropsychomikrometers an die Brust und lauschte.
Und auf der Erde war Krieg, Feuersbrünste, Trümmer, wüste Schlachtfelder.
Über dem Planeten Rho war der freie Raum von hellem Blau, der Duft von Maiglöckchen und süßem Wein erfüllt. Wie Schneeflocken schwebten die geflügelten Empfindungen umher und stimmten ein Lied nach dem anderen an, sanft und rein…«

Am 22. Juli 1942 gibt der Judenrat bekannt, daß alle jüdischen Bewohner Warschaus in den Osten umgesiedelt werden. Anschläge verkünden: Jede Person, die sich am 29., 30., und 31. Juli freiwillig zur Aussiedlung stellt, wird mit Lebensmitteln, das heißt: mit 3 kg Brot und 1 kg Marmelade versorgt.
»Das genügt«, schreibt Marek Edelmann. »Alles weitere tun Propaganda und Hunger. Erstere liefert ein unwiderlegbares Argument gegen alle ›Märchen von Gaskammern‹: Wozu sollte man Brot austeilen, wenn man morden wollte! Der Hunger ist ein noch stärkeres Argument, er verhüllt alles mit dem Gedanken an drei braune, frischgebackene Brotlaibe. Ihr Geschmack ist fast schon spürbar, trennt dich doch von ihnen nur der kurze Weg vom Haus zum Umschlagplatz, von dem die Waggons abgehen. Er bewirkt, daß die Augen aufhören zu sehen, was dich am Ende des Weges erwartet; ihr Geruch, der bekannte, gute, betäubt, verwirrt die Gedanken, die aufhören, das zu fassen, was scheinbar doch so offensichtlich ist. Es gibt Tage, an denen Hunderte Menschen den Umschlagplatz nicht verlassen und für je einige Tage in der Schlange auf ihren Abtransport warten.«
Viele glauben auch der Bekanntmachung, daß es ihnen erlaubt sei, ihre Wertsachen – Geld, Gold und Schmuck – »in den Osten« mitzunehmen, obwohl es Juden seit Jahren offiziell verboten ist, Gold zu

besitzen. Antoni Szymanowski, Offizier der polnischen Untergrundarmee, schreibt in seiner Broschüre über die Liquidierung des Warschauer Ghettos, wie die Bekanntmachungen wirklich zu lesen sind: »Stellt euch in die Reihe, damit wir euch töten, aber den Schmuck habt bei euch, um uns Mühe zu ersparen!«
Der Judenrat aber gibt die zynischen Versprechungen der deutschen Behörde unhinterfragt weiter: »Nach erhaltener Zusage werden Familien, die sich freiwillig melden, nicht getrennt.«
Gleichzeitig beginnen die Deutschen – unterstützt durch ukrainische Einheiten – mit den »Blockaden«: der systematischen Räumung von Häusern und ganzen Häuserblocks. Angefangen wird bei den Ärmsten und Schwächsten: den Bewohnern der »Todesviertel« – der Viertel mit der höchsten Sterblichkeit – den Flüchtlingen, den Internatskindern.
Immer noch hoffen sie im Ghetto. Adolf Berman, Mitarbeiter des CENTOS, versucht vom Vorsitzenden des Judenrats, Czerniakow, die Zusicherung zu erhalten, daß die Waisenkinder vor der Deportation bewahrt werden. Cerniakow erklärt, daß er mit sich Schluß machen würde, wenn auch die Kinder abtransportiert werden.

Vom 4. August 1942 datiert Korczaks letzte Eintragung:
»Ich habe die Blumen begossen, die armen Pflanzen des Waisenhauses, eines jüdischen Waisenhauses. Die ausgedörrte Erde atmet auf. Ein Posten sah mir bei der Arbeit zu. Ob ihn diese meine friedliche Tätigkeit um sechs Uhr in der Früh wohl reizt, oder rührt sie ihn vielleicht?
Breitbeinig steht er da und schaut.
Ich begieße die Blumen. Meine Glatze am Fenster – ein gutes Ziel. Er hat einen Karabiner. Warum steht er da und betrachtet mich so friedlich?
Er hat keinen Befehl.
Vielleicht war er im bürgerlichen Leben Dorfschullehrer, vielleicht Notar, Straßenkehrer in Leipzig oder Kellner in Köln.
Was würde er tun, wenn ich ihm zunickte? Freundlich winken?
Vielleicht weiß er gar nicht, daß es so ist, wie es ist?
Vielleicht ist er erst gestern von weither gekommen…«

Am 5. August werden auch die Waisenhäuser zum Abtransport auf den »Umschlagplatz«, zu den Eisenbahnzügen kommandiert. Emmanuel Ringelblum, der Historiker des Warschauer Ghettos, gibt den Augenzeugenbericht von Nahum Remba wieder, einem Sekretär der jüdischen Gemeinde.
»Dicht bei dicht lief die Menschenmenge, mit Peitschenschlägen angetrieben. Plötzlich befahl der Kommandant des Umschlagplatzes, die Heime wegzuführen.
An der Spitze des Zuges war Korczak! Nein! Diesen Anblick werde ich nie vergessen.
Im Gegensatz zur dichtgedrängten Menge, die wie Vieh zur Schlachtbank lief, begann nun ein Marsch, wie es ihn bisher noch nie gegeben hat. Alle Kinder waren in Viererreihe angetreten, an der Spitze Korczak, die Augen zum Himmel gerichtet. Die zweite Abteilung führte Stefania Wilczyńska, die dritte Broniatowska, ihre Kinder hatten blaue Rucksäcke, die vierte Abteilung führte Szternfeld aus dem Internat in der Twarda-Straße...
Selbst der Ordnungsdienst[17)] war stillgestanden und salutierte. Als die Deutschen Korczak sahen, fragten sie: ›Wer ist dieser Mann?‹«
Nahum Remba führt den Zug der Waisenhauskinder ganz an den Rand des Transportplatzes, um sie vielleicht bis zum nächsten Tag vor der Verladung retten zu können. Er schlägt Korczak vor, mit ihm zur Gemeinde zu gehen, vielleicht sei noch eine Intervention möglich. Aber Korczak will die Kinder nicht einmal eine Minute allein lassen. Am Ende einer langen Reihe Menschen stellen sie sich an.
Der »Umschlagplatz«, Ecke Stavki- und Djikastraße, ist ein großes ovales Rund, das achttausend Menschen faßt. Vom nahen Bahnhof sind Gleise hierher verlegt. Es gibt kein Wasser. Die Leichen der von den Wachen Erschossenen bleiben liegen. Die Luft an diesem heißen Augusttag ist voll Gestank. Der Himmel über Warschau ist grau und dunstig, es schmerzt, hinaufzublicken, die Augen brennen. Eine Vision steigt auf, verschwindet wieder: Schnee. Schnee fällt unaufhörlich, bedeckt den weiten Platz. Schnee legt sich auf die Schienen, türmt sich zu hohen Wächten, so daß die Züge nirgends hinrollen können. Korczak hat den Schnee geliebt: »Eine weiße, klare, blendende Freude. Rundherum Funken. Es glänzt, leuchtet, schillert, spielt, lebt...«

Vorne bei den Zügen werden die Menschen mit Gewehrkolben gestoßen, damit sie schneller in die Eisenbahnwaggons steigen. In den Zügen gibt es keine Abteile wie in Korczaks Alpträumen. Es sind Viehwaggons, in denen die Menschen stehend zusammengepfercht werden. Nahum Remba hofft immer noch, daß der Zug an diesem Tag voll sein wird, ehe die Kinder an die Reihe kommen.
Dem Schriftsteller Jehoszua Perle gelingt es, vom Umschlagplatz zu fliehen. Er nimmt die Erinnerung an die Kinder mit sich:
»Diese Kinder schrien nicht, diese unschuldigen Wesen weinten nicht. Sie schmiegten sich nur wir kranke Schwalben an ihren Lehrer und Erzieher, ihren Vater und Bruder Janusz Korczak, damit er sie behüte und beschütze. Er stand in der ersten Reihe, er deckte die Kinder mit seinem schwachen, ausgemergelten Körper...«

Legenden haben sich um den letzten Gang der Kinder gebildet. Von einem zwölfjährigen Jungen wird berichtet, der Violine spielend dem Zug voranschritt. Man erzählt von der grünen Fahne des Waisenhauses, die die Kinder trugen.
Lange ist es her, da begann der junge Betreuer Henryk Goldszmit für die Kinder in der Sommerkolonie Michalowka ein Märchen: »Vielleicht kehren wir nicht zurück nach Warschau? Vielleicht stellen wir uns zu zweit auf, nehmen Fähnchen mit, singen ein Lied und machen uns auf den Weg?... In einem Dorf wird Geszel auf der Geige spielen, und sie geben uns Milch...«
Lange ist das her. Aus Henryk Goldszmit ist Janusz Korczak geworden, der Alte Doktor. Die Kinder, die jetzt bei ihm sind, vertrauen ihm blind. Wenn der Doktor vorangeht, ist alles gut.
Und Korczak geht voran und weiß, daß sie nie mehr nach Warschau zurückkehren werden und daß niemand ihnen unterwegs Milch reichen wird. Mit diesen fensterlosen Viehwaggons werden nicht Kinder und Erwachsene transportiert, sondern Schlachtvieh.
Sie sind lebende Tote. Bei der Ankunft, wo immer das sein mag, wird man sie erschießen oder vergasen.
Der Judenrat des Ghettos will zu diesem Zeitpunkt noch Korczak retten. Man telefoniert, man schickt jemanden zum Umschlagplatz. Man verhandelt mit dem deutschen Platzkommandanten. Man macht Korczak Vorschläge. Korczak hört nicht mehr hin. Während

die Menschenschlange vorwärts geht, spricht er unablässig mit den Kindern.
Von einigen wissen wir die Namen: Felek und Balbina Grzyp, Nacia Poz, Roza Sztokman, Sabine Lejzerowicz, Dorka Solnicka, die vier kleinen Monius, Haneczka – der kranke Julek – Abrasza...
Auch von der polnischen Untergrundorganisation ist eine Befreiungsaktion geplant. Eines ihrer Mitglieder berichtet nach dem Krieg: »Unser Befehl bestand darin, die Bewachung des Transports zu täuschen und diesen (noch im Ghetto) in die Richtung Marszalkowska umzuleiten, um danach durch den Tunnel, der unter dieser Straße verlief, auf die Arische Seite in das schon vorbereitete sichere Versteck, einer gemieteten Villa der Siedlung Blota zu kommen...«
Nach dem Umschlagplatz ist niemand mehr gesehen worden. Keiner der Erwachsenen, keines der Kinder hat Treblinka überlebt.
»Janusz Korczak, der mit den Kindern, die er betreute und die er nicht verlassen wollte, nach Treblinka in den Tod ging, wurde schon nach wenigen Tagen zur Legende«, schreibt der polnische Widerstandskämpfer Wladyslaw Bartoszewski.
Damit sind auch die letzten Zeilen des Märchens vom Kinderkönig wahr geworden:
»Und schon wußte die ganze Stadt, daß er tot war.
Und das ganze Land.
Und die ganze Welt.«

Die Diskussion: Opfer oder Widerstand – geht durch alle Bewegungen für Frieden und Freiheit, Gerechtigkeit und Menschlichkeit. Soll ein Fanal gesetzt werden, indem man sich kampflos ergibt, oder indem man kämpft?
Im Ghetto von Warschau ist es vor allem die Jugend, die den Widerstand will. Die Älteren mahnen zur Besonnenheit und haben Angst vor Strafaktionen. Immer noch hoffen sie auf Hilfe: durch die Alliierten, durch die Weltöffentlichkeit. Die Führung der Zionisten war vom Kriegsausbruch in Genf überrascht worden, wo sie am 21. Zionistischen Weltkongreß teilnahm. Damit waren jene, die Erfahrung in Untergrundsarbeit und Widerstand hatten, von Anfang an im Ausland. Ihr Wissen und ihre Entschlossenheit fehlten im Ghetto.
Berichte über die Liquidation der Ghettos, über die Vergasung der

jüdischen Bevölkerung gehen an die Polnische Exilregierung in London. Ministerpräsident Sikorski richtet Aufrufe an die Regierungen anderer Staaten, an die Weltöffentlichkeit, diesen Völkermord mit Sanktionen zu beantworten und auf diese Weise vielleicht aufzuhalten. Aber die Berichte aus Polen stoßen nur auf Unglauben und Schweigen.
Am 23. Juli 1942, nach dem ersten Abtransport vom Umschlagplatz, begeht der Vorsitzende des Judenrats von Warschau, Adam Czerniakow, Selbstmord.
Am 28. Juli schließen sich die Widerstandsbewegungen im Ghetto zur »Jüdischen Kampforganisation« zusammen. Man beschließt, sich mit der polnischen Untergrundbewegung in Verbindung zu setzen, um Waffen zu besorgen.
Am 6. September erscheint im Warschauer Ghetto der letzte Aufruf, sich zur Verschickung zu melden. Nur wenige Fabrikarbeiter, Beamte des Judenrats und des Gesundheitsdienstes dürfen noch zurückbleiben. Alle anderen, auch Kranke, auch kranke Kinder, werden auf den Umschlagplatz befördert. Krankenschwestern geben jenen, die nicht transportfähig sind, Morphium. Kleinen Kindern wird in Wasser gelöstes Zyanid eingeführt. »Zyanid, das ist jetzt der kostbarste, unersetzbare Schatz«, schreibt Marek Edelmann. »Zyanid bedeutet einen ruhigen Tod, es rettet vor den Waggons.«
Am 12. September ist die Liquidierung des Ghettos im großen und ganzen abgeschlossen. Über 300.000 Menschen sind in die Vernichtungslager transportiert und dort vergast worden – wenn sie nicht unterwegs in den ungelüfteten Viehwaggons verdurstet, erstickt oder zertrampelt worden sind. Die Deutschen schätzen, daß im Ghetto noch 30.000 zurückgeblieben sind. In Wirklichkeit sind noch annähernd 70.000 am Leben. Viele Juden werden außerdem von der polnischen Bevölkerung versteckt.
Ende September wird auf Initiative der Schriftstellerin Zofia Kossak-Szatkowska ein Hilfskomitee für jüdische Kinder gegründet, die sich in Warschau versteckt halten. Maryna Falska gehört zu denen, die diese Aktivitäten unter Risiko ihres eigenen Lebens unterstützen. Adolf Berman, der ehemalige Leiter des CENTOS, arbeitet mit dem Hilfskomitee zusammen. Ebenso die polnische Widerstandsbewegung.

Auf die Bekanntmachung der Todesstrafe für jede Art von Hilfeleistung an geflüchteten Juden – und sei es nur die Mitnahme in einem Fahrzeug –, auf die Aufforderung der Nazi-Behörden zur Denunziation solcher »Vergehen«, auf die Propaganda der in polnischer Sprache herausgegebenen Nazi-Presse, antwortete die polnische Untergrundpresse mit folgendem Appell:
»Für die Unterstützung der Juden, die in geringer Zahl den Henkersknechten zu entrinnen vermochten, haben die Deutschen die Todesstrafe angedroht. Jeder anständige Mensch betrachtet mit Verachtung diese Drohungen, denn er weiß, daß Hilfe in der Not, die Rettung des vom Tode bedrohten Nächsten, eine Pflicht ist, vor der die Angst vor der Todesstrafe verblaßt. Pflicht eines jeden Polen ist es, den Opfern der deutschen Bestialität zu helfen.«
Im Dezember 1942 konstituiert sich der »Hilfsrat für Juden« unter dem Decknamen »Zegota«. In der Leitung sind Mitglieder der Sozialistischen Partei, der Bauernpartei, des »Bund«, der Zionistischen Organisationen und der Demokratischen Partei. Ziel der »Zegota« ist es, möglichst viele Menschen zu retten. Die Jüdische Kampforganisation im Ghetto wird mit Waffen und Munition unterstützt.
In der Unterstützung der verfolgten Juden durch die polnische Bevölkerung liegt ein Sieg. Gemeinschaft und Brüderlichkeit sind wiedererstanden. »Nicht mich will ich retten, sondern meine Idee«, hat Korczak fast ohne Hoffnung geschrieben. Seine Idee lebt.
Die Untergrundkämpfer im Ghetto sind junge Menschen zwischen zwanzig und dreißig. Ihr Aufruf im Dezember 1942 lautet:
»Erinnert euch, daß wir, die jüdische Zivilbevölkerung, uns an der Front des Kampfes um Freiheit und Menschlichkeit befinden!«
Der Aufstand des Warschauer Ghettos wird sorgfältig vorbereitet. Er ist kein Akt der Verzweiflung. »Im Gegenteil«, schreibt Wladyslaw Bartoszewski, »die wichtigsten Organisatoren und Führer waren Menschen, die jede Möglichkeit hatten, ihr eigenes Leben zu retten, die über sichere Kontakte mit der polnischen Untergrundbewegung verfügten und die besten Aussichten hatten, unter der polnischen Bevölkerung den Krieg zu überleben.«
Im Januar 1943 kündigen die Nationalsozialisten eine neue »Umsiedlungsaktion« an, doch nur wenige melden sich am Umschlagplatz. Mitglieder der Jüdischen Kampforganisation schließen sich ihnen an

und schießen auf die Bewacher. Die Polizei tötet die Angreifer, wagt aber nicht, in die Häuser zu gehen, aus denen geschossen wird.
Das Ghetto ist längst zu einer Geisterstadt geworden. Die Straßen, durch die sich noch ein Jahr vorher eine dichte Menschenmenge bewegte, sind leer. Aus den offenen Fenstern der verlassenen Wohnungen weht der Wind Bettfedern.
Aber im Untergrund ist das Ghetto lebendig. Unterirdische Bunker werden befestigt. Und als die nächsten Polizeitruppen einrücken, liefern die Widerstandskämpfer ihnen den ersten Kampf.
Zur Verstärkung der Polizei werden SS-Kompanien abkommandiert, die mit Maschinengewehren und Granatwerfern ausgerüstet sind. Nach tagelangem Kampf sind von den fünfzehn Gruppen der Jüdischen Kampforganisation nur noch fünf übrig. Der Rest ist gefallen oder gefangengenommen. Am Abend des dritten Tages ziehen SS und Polizei sich zurück.
Auf die Bevölkerung inner- und außerhalb des Ghettos hat der Aufstand eine ungeheure Wirkung. Sabotageakte gegen deutsches Eigentum werden durchgeführt. Eine Möbelfabrik im Ghetto brennt aus. Die polnische Heimatarmee übergibt Gewehre und Handgranaten an die Widerstandskämpfer. Vom Jüdischen Weltkongreß kommt finanzielle Hilfe zum Zweck der Selbstverteidigung und für Hilfsmaßnahmen.
Am 19. April beginnt die systematische Vernichtung des Ghettos durch die SS unter Brigadeführer Jürgen Stroop. Wohnblock um Wohnblock wird niedergebrannt. Die letzten Überlebenden werden durch das Feuer aus den Häusern und Kellern getrieben. Manche springen aus den Fenstern und bleiben mit gebrochenen Gliedern auf der Straße liegen.
Die jüdischen Widerstandskämpfer erhalten Unterstützung durch Soldaten der polnischen Untergrundbewegung, die versuchen, an einer Stelle die Ghettomauer zu sprengen. Auch Angehörige anderer Gruppen – Kommunisten, Sozialisten, Heimatarmee – kommen den Widerstandskämpfern zu Hilfe und werden von der SS erschossen.
Bis zum 8. Mai dauert der Widerstand im Ghetto. Dann ist der Hauptbunker der »Jüdischen Kampforganisation« umstellt. In der Mila Straße 18 nimmt der Anführer der »Jüdischen Kampforganisa-

tion«, Mordechaj Anielewicz, sich zusammen mit seinen engsten Kampfgenossen das Leben. Zehn Kämpfern gelingt es, mit polnischer Hilfe durch unterirdische Kanäle in den »arischen Teil« zu kommen – unter ihnen Marek Edelmann. Sie werden später noch einmal gegen die Deutschen kämpfen: während des allgemeinen Aufstands in Warschau, im September 1944.[18]
Am 13. Mai begeht Szmul Zygielbojm, Funktionär des »Bund« und ehemaliger Stadtrat von Warschau, im Londoner Exil Selbstmord, um gegen das Schweigen und die Untätigkeit der Welt gegenüber den Verbrechen der Nazis zu protestieren.
Am 16. Mai 1943 meldet Jürgen Stroop: »Das ehemalige jüdische Wohnviertel Warschaus besteht nicht mehr.«

Der Aufstand des Ghettos ist vergeblich gewesen – war eine Geste. Ebenso wie Korczaks geordneter Marsch in die Vernichtung eine Geste war. Den Menschenfressern setzte er Zivilisation entgegen.
Das Manuskript mit Korczaks *Erinnerungen* war von Igor Newerly geborgen und zu Maryna Falska gebracht worden. Sie ließ die Schrift auf dem Dachboden einmauern. Dort wurde sie nach dem Krieg gefunden. Maryna Falska erhielt 1944 den Befehl, mit den Kindern Warschau zu verlassen. Sie starb an Herzschlag, ehe diese Umsiedlung durchgeführt werden konnte.
Igor Newerly überlebte die Konzentrationslager. Über Janusz Korczak schreibt er: »In Majdanek und Auschwitz, in Oranienburg und Bergen-Belsen habe ich später manchmal mit diesem guten Schatten meiner Jugend in Gedanken diskutiert. Nicht in allem war ich mit meinem Meister einig gewesen. Nun aber lauschte ich seiner Stimme in diesem Dialog. Ich erblickte ihn unter den Gestalten, die mit ihrem Pathos und ihrer Wärme die Geschichte der Menschheit erhellen...«

Korczak selbst hat zu seinem Lehrmeister das Kind gewählt.
»Ich weiß, was meinem Wissen fehlen würde, hätten mir die Kinder nicht erzählt, was sie sahen und hörten und dachten, und an was sie sich erinnern. Ich weiß, was meinem Wissen fehlen würde, hätte ich nicht gesehen, wie kleine Kinder aufwachsen, bis sie zu Männern und Frauen in ihrem Volke werden.

Ich weiß, was meinem Wissen fehlen würde, wenn mir die Kinder bei ihrem Aufstehen nach dunkler Nacht in der Morgenfrühe nicht gesagt hätten: ›Ich träumte einen Traum...‹
Verschieden sind die Träume der Kinder – von dem was war, und von dem, was sein wird.
Wenn ich manchmal nachdenke – das kommt wohl vor –, daß es nun genug ist und das Ende nicht fern, so beruhigt und tröstet es mich andererseits, daß der nicht weniger mühevolle und schwere Augenblick hinter mir liegt – jener Augenblick, in dem der Mensch geboren wird: der erste Atemzug, der erste Blick.
Der Schmerz des Kindes, der erste Schrei. Wie ein Dolch ist die Luft im Hals. Beklemmung liegt auf seiner Brust, und Eiseskälte erfüllt sein Inneres. Ratlos, wehrlos, nackt und einsam. Es zittert. Das erste Kreisen des nun schon eigenen Blutes. Das erste Bad – unbekannte, rauhe, schmerzhafte Berührungen. Fremde Elemente – Luft und Wasser. Es kann. Es atmet. Es lebt!«

Anmerkungen

1) *Schläfenlocken:*
Nach altjüdischem Brauch darf das Kopfhaar nicht rundherum abgeschnitten werden.
Sabbat:
Hebr.: »Ruhe«. Siebenter Tag der Woche. Beginnt mit Sonnenuntergang am Freitag. An diesem Tag darf keinerlei Arbeit verrichtet werden. Endet mit Sonnenuntergang am Samstag.
Jiddisch:
Aus dem Mittelhochdeutschen entstandene Mischsprache der ursprünglich aus Nordfrankreich und Deutschland stammenden und seit dem 14. Jahrhundert nach Osteuropa ausgewanderten Juden, der Aschkenasim.
Cheder:
Hebr.: »Stube.« Traditionelle Grundschule der osteuropäischen Juden für Knaben ab dem 4. Lebensjahr.
Talmud:
Hebr., wörtl.: »Lehre«. Neben der hebräischen Bibel (Altes Testament) Hauptwerk des Judentums, eine Zusammenfassung der Lehren, Vorschriften und Überlieferung.
2) Warschauer Vorort
3) *Friedrich Fröbel* (1782-1852), deutscher Pädagoge, trat für eine »Mußezeit« der Kinder für ihre persönlichen und individuellen Bedürfnisse ein und wurde damit zum Begründer der »Freizeitpädagogik«.
Johann H. Pestalozzi (1746-1827), Schweizer Pädagoge, propagierte die Erziehungsreform zur »Entwicklung der natürlichen Anlagen des Kindes«.
Maria Montessori (1870-1953), italienische Pädagogin, entwickelte in ihrem römischen Kinderheim eine individuelle Spiel-Lern-Technik.
Anton S. Makarenko (1888-1939), sowjetischer Pädagoge, betonte die Erziehung zu sozialer Verantwortung und Einfühlung in den anderen. Am wichtigsten ist, daß der Erzieher diese Sozialmoral selbst entwickelt und anwendet.
4) Die führenden polnischen Parteien dieser Zeit sind: die »Polnische Sozialistische Partei«, der die Industriearbeiterschaft und Linksintellektuelle angehören; die »Sozialdemokratie des Königreichs Polen«, gegründet 1894 von Julian Marchlewski und Rosa Luxemburg; die »National-Demokratie«, eine Rechtspartei, der Adel, Bürger und Mittelbauern angehören; und die »Polnische Volkspartei«, die wiederum in eine mittelbäuerliche Richtung, den »Piast«, und eine kleinbäuerliche Strömung zerfällt.
5) Die Erbsitte der Realteilung von Grund und Boden führte zu einer Zersplitterung des Landbesitzes in Klein- und Zwergwirtschaften, die nicht mehr leistungsfähig waren.
Unwirtschaftlichkeit und Übervölkerung hatten zu einer latenten Arbeitslosigkeit geführt. Nach dem Krieg wurde ein »Bodenfonds« eingerichtet, der sich auf Landabgabe der Großgrundbesitzer und Enteignung ausländischen Besitzes stützte. Auch Umsiedlungen, Flurbereinigung und Servitutenablösung (Abgel-

tung der Verpflichtungen für den Großgrundbesitzer) sollten die einzelnen Landwirtschaften auf eine wirtschaftlich rentable Größe erweitern.

6) Mit dem Ende des Ersten Weltkrieges wurde die polnische Unabhängigkeit durch die Siegermächte anerkannt, nicht jedoch neue Grenzen festgelegt. Josef Pilsudski, der sich auf eine militärische Untergrundbewegung stützte, plante Grenzerweiterungen im weißruthenischen und ukrainischen Siedlungsgebiet. Die bolschewistischen Truppen besetzten nach Abzug der Deutschen Kiew, Minsk und Wilna. Auch Truppen der 1918 wiedergegründeten »Ukrainischen Volksrepublik« kämpften gegen die Russen; für polnische Hilfe wurden Teile der Ukraine zuerkannt. Ein Friedensangebot Lenins von 1920 akzeptierte Pilsudski nicht, sondern schloß mit der »Ukrainischen Volksrepublik« einen Offensivpakt zur Eroberung der Ukraine. Im Mai wurde Kiew eingenommen, aber die aus dem Kaukasus herbeigeführte Reiterarmee des Generals Budjonny warf die polnischen Truppen wieder zurück. Die Rote Armee stieß bis Lemberg, Warschau und Thorn vor. In Bialystock etablierte sich ein »Provisorisches Komitee« unter Julian Marchlewski, mit dem Ziel eines »Polnischen Sowjets«. Am 16. Juli erfolgte die Gegenoffensive des Polnischen Heeres unter Pilsudski. Die Rote Armee unter dem Oberbefehl von Tuchacevskij wurde zurückgeschlagen (»Wunder an der Weichsel«). 1921 wurde zwischen der Sowjetunion und Polen der Friede von Riga unterzeichnet.

7) 1921 war der Anteil der nationalen Minderheiten in Polen (bei knapp 70 % Polen): 14,3 % Ruthenen, 3,9 % Weißruthenen, 7,8 % Juden, 3,9 % Deutsche, 0,3 % Litauer, 0,2 % Russen und 0,1 % Tschechen. Minderheitenschutzverträge und die neue Verfassung garantierten ihnen Rechtsschutz für ihr »Volkstum« (Kultur, Sprache); im neuen Parlament waren von 444 Abgeordneten 87 Vertreter nationaler Minderheiten.

8) In den Pariser Friedensverhandlungen, Januar 1919, wird Danzig, das deutsch besiedelt, aber mit dem polnischen Hinterland wirtschaftlich verflochten ist, zum »Freistaat« erklärt. Der Vertrag von Versailles, 28. Juni 1919, teilt Polen die Provinz Posen, das Grenzgebiet von Mittelschlesien und das Herzstück von Westpreußen sowie einen Zugang zum Meer westlich von Danzig zu; außerdem freie Benutzung des Hafens von Danzig, seiner Eisenbahnlinien und Wasserwege.

9) Die »Déclarataion de Genève« der »Union internationale de secours aux enfants« (Internationale Vereinigung zur Hilfe für Kinder) vom 23. Februar 1924 formulierte die Menschenrechte des Kindes.

10) Unter dem Vorwand, die Rechte der deutschen Minderheit zu schützen, war die deutsche Wehrmacht im März 1938 in die Tschechoslowakei einmarschiert. Im Münchner Abkommen vom September 1938 hatten die Westmächte der Annexion des Sudetenlandes zugestimmt. Polen forderte von der entmachteten Tschechoslowakei »analog« die Abtretung polnisch besiedelten Gebiets (Teschener Schlesien). Im September 1938 besetzten polnische Truppen das Olsa-Gebiet. Außerdem unterstützte Beck die slowakische Autonomiebestrebung.

11) Unter dem Eindruck des Antisemitismus in Europa verfaßte Theodor Herzl 1896 seine programmatische Schrift *Der Judenstaat* und begründete damit die zionistische Bewegung – mit dem Ziel, für das jüdische Volk eine öffentlich-rechtlich gesicherte Heimstätte in Palästina zu schaffen. Schon ein Jahr später findet in Basel der 1. Zionistische Weltkongreß statt. 1907 wird ein »Hebräisches Palästinaamt«

in Jaffa geschaffen. Trotz der Zusage des englischen Außenministers, Lord Balfour, ist die Politik der britischen Regierung, die das Regierungsmandat über Palästina hat, nicht eindeutig. Als es 1936 zum Bürgerkrieg zwischen arabischen und jüdischen Partisanen kommt, macht sie Kompromißvorschläge zur Teilung des Landes und beschränkt jüdische Einwanderungen und Landkäufe.

12) Der US-amerikanische Präsident Woodrow Wilson fordert nach Ende des Ersten Weltkriegs die Gründung eines Völkerbundes zur Erhaltung des Weltfriedens. 1919 nimmt die Vollversammlung der Versailler Friedenskonferenz die Satzungen des Völkerbundes an. Unter den ständigen Mitgliedern befinden sich England, Frankreich, Italien und Japan. Sitz des Vökerbundes ist Genf. Die internationale wirtschaftliche und technische Zusammenarbeit erweist sich als positiv, aber in allem, was Abrüstung und Friedenssicherung anbelangt, versagt der Völkerbund. Bis 1939 treten 14 der 63 Mitgliedstaaten aus, darunter Deutschland und Italien. Die Expansionspolitik der Nationalsozialisten kann vom Völkerbund ebensowenig verhindert werden wie 1935 der Überfall Italiens auf Abessinien.
1946 wird der Völkerbund durch Beschluß der Vollversammlung aufgelöst.

13) Der englische Naturwissenschaftler Charles Darwin (1809-1882) erweiterte die Lamarcksche Abstammungs-Theorie, nach der die höheren Lebewesen aus niederen hervorgegangen sind. 1859 veröffentlicht er die *Entstehung der Arten durch natürliche Zuchtwahl:* Umweltsanpassung und Vererbung sowie Überproduktion an Nachkommen sind die Entwicklungsprinzipien. Der »Kampf ums Dasein« führt zur Auswahl (Selektion) starker, lebensfähiger Arten. 1865 werden die Regeln der Vererbung von Gregor Mendel aufgezeigt; 1901 die Mutations-Lehre von de Vries entwickelt und 1904 die Chromosomen-Teilung von Boveri entdeckt.

14) 1919 war in Moskau die III. Kommunistische Internationale gegründet worden, der kommunistische Parteien der UdSSR und anderer Länder angehören, als »Vorstufe der internationalen Republik der Sowjets, des Weltsiegs des Kommunismus« (Lenin). Gegen diese Internationale, kurz »Komintern« genannt, schlossen Deutschland, Italien und Japan (und 1939 auch Franco-Spanien) den »Anti-Komintern-Pakt«. Polen fürchtete, durch einen Beitritt seine politische Eigenmächtigkeit zu verlieren und die UdSSR zu provozieren.

15) Nach der Paktaufkündigung kommt es zur offenen Verfolgung der Deutschen in Polen und zu Massenflucht. Als die Hitlertruppen die polnische Grenze überschreiten, kommt es zu einem Massaker in der überwiegend von Deutschen besiedelten Stadt Bromberg, bei dem 7000 Menschen sterben. Diese Todesopfer werden von Hitler zur Rechtfertigung seiner Gewaltpolitik gegen Polen benützt.

16) CENTOS, Zentrale für den Schutz der Kinder im Ghetto

17) Im Ghetto hatten jüdische Polizisten, häufig ehemalige jüdische Offiziere, die Aufsicht.

18) Der Leiter der polnischen Untergrund-Armee, Bor-Komorowski, erteilte am 1. August 1944 dem Warschauer Korps den Befehl zum Aufstand. Er hoffte auf Hilfe der Sowjetunion, die per Funk zum Kampf aufgerufen hatte, sowie auf polnische Luftwaffen- und Luftlandetruppen der Royal Air Force. (Geflüchtete polnische Militärs bildeten innerhalb der englischen Luftwaffe eigene Verbände.) Die sowjetischen Truppen unter Rokossovskij blieben jedoch passiv; alliierten Flugzeugen wurde keine Landeerlaubnis auf sowjetischen Flugplätzen erteilt, so daß die Errichtung einer »Luftbrücke« für Warschau nicht möglich war.

Der Warschauer Aufstand brach am 2. Oktober zusammen. Die Millionenstadt wurde verwüstet. Die Haltung der sowjetischen Regierung läßt annehmen, daß es ihr wie den Deutschen um eine Vernichtung der nationalen Elite ging.

Zeittafel

1878	Geboren am 22.7. in Warschau als Sohn von Josef Goldszmit, Rechtsanwalt, und Cäcylia Goldszmit, geb. Gebicka.
1898-1903	Medizinstudium an der Universität Warschau
1899	*Wohin des Wegs?* Drama als Beitrag zu einem literarischen Wettbewerb. Pseudonym: Janusz Korczak
1898-1903	Feuilletons in der humoristischen Wochenzeitschrift *Stacheln* (»Kolce«); gemeinsam mit anderen Autoren: *Der Lakai. Aus dem Tagebuch eines Entgleisten.*
1901	*Kinder der Straße,* Roman
1903-1908	Mitarbeit in den »Sommerkolonien«
1904-1905	*Das Salonkind,* Roman; erscheint in Fortsetzungen in der politisch-literarischen Wochenzeitschrift *Die Stimme* (»Glos«)
1904-1911	Arzt am Berson-Baumann-Kinderspital in Warschau
1904-1905	als Arzt zur Armee im russisch-japanischen Krieg einberufen; in dieser Zeit erscheinen gesammelte Essays von ihm unter dem Titel *Albernheiten*
1907-1910	Auslandsaufenthalte in Berlin (Kaiser u. Kaiserin Friedrich-Krankenhaus), in Paris (Psychiatrische und Nervenklinik der Charité) und London
1910	*Die Mojsches, Joscheks und andere Lausbuben*
1911	Übernahme des neugegründeten Waisenhauses »Haus der Waisen« (Dom Sierot) in der Krochmalna 92, Warschau. Zusammenarbeit mit Stefania Wilczyńska
1911-1914	*Von den Joscheks, Jascheks und Franeks;* die Erzählungen: *Bobo; Eine Unglückswoche* und *Beichte eines Schmetterlings. Ruhm.*
1914-1916	Im Ersten Weltkrieg Chefarzt eines Divisionslazaretts *Wie man ein Kind lieben soll*
1916-1918	In Kiew lernt Korczak die Erzieherin Maryna Falska kennen und berät sie bei ihrer Arbeit in einem Hort.
1919	Nach Korczaks Heimkehr kehrt auch Maryna Falska nach Warschau zurück und gründet das Waisenhaus »Unser Haus« (Nasz Dom), dessen pädagogische Leitung Korczak ebenfalls übernimmt.
1921	*Der Frühling und das Kind*
1922	*Allein mit Gott. Gebete eines Menschen, der nicht betet*
1923	*König Hänschen I.*
1925	*Wenn ich wieder klein sein werde*
1926	Gründung der Kinderzeitschrift *Die kleine Rundschau* als Beilage der jüdischen Tageszeitung *Unsere Rundschau* *Jack handelt für alle* *Unverschämt kurz*
1928	*Das Recht des Kindes auf Achtung*
1930	Uraufführung des Theaterstücks: *Der Senat der Verrückten* im Theater »Atheneum« in Warschau

1934-1936	*Die Radioplaudereien des Alten Doktors,* Gespräche zu und mit Kindern im polnischen Rundfunk (ab 1935 ohne Nennung seines Namens)
1936	Einige der *Radioplaudereien* erscheinen unter dem Titel *Fröhliche Pädagogik* in Buchform *Regeln des Lebens* *Kajtus, der Zauberer,* Märchenerzählung *Der eigensinnige Junge,* das Leben von Louis Pasteur
1934, 1935	Zwei Reisen nach Palästina – »Erez Israel« *Die Geschichte Moses*
1935	Bruch mit Maryna Falska *Die Menschen sind gut* *Von den drei Unternehmungen Herschels*
1938	*Die drei Einsamkeiten*
1939	Deutsche Besetzung Polens
1940	Übersiedlung von »Dom Sierot« in das Ghetto in Warschau
1942	Niederschrift der *Erinnerungen* August: Abtransport ins Vernichtungslager Treblinka, zusammen mit seinen Waisenkindern, Stefania Wilczyńska und anderen Erziehern.
1972	Posthum wird Janusz Korczak der Friedenspreis des Deutschen Buchhandels verliehen.

Bibliographie

Bartoszewski, Władysław, Das Warschauer Ghetto – wie es wirklich war. Fischer, Frankfurt 1983.

Dauzenroth, Erich, Ein Leben für Kinder. Janusz Korczak, Leben und Werk. Gütersloher Verlagshaus, GTB Siebenstern, Gütersloh 1981.

Dauzenroth Erich/Hampel, Adolf (Hrsg.), Janusz Korczak. Das Kind lieben. Ein Lesebuch. Suhrkamp, Frankfurt 1984.

Bielecki, Tadeusz, Warsaw Aflame, Los Angeles 1973.

Davies, Norton, White Eagle – Red Star. The Polish-Soviet War 1919-1920. London 1972.

Grube, Frank (Hrsg.), Der Freiheitskampf der Polen, Hamburg 1981.

Haustein, Ulrich, Sozialismus und nationale Frage in Polen. Die Entwicklung der sozialistischen Bewegung in Kongreßpolen 1875-1900, Wien 1969.

Harari, Leo, Janusz Korczak. Erinnerungen an einen großen Menschen und Lehrer, in *Licharz, W.* (Hrsg.), Janusz Korczak in seiner und in unserer Zeit, a.a.O.

Heimpel, Elisabeth, Janusz Korczak als Erzieher, in: Janusz Korczak, Das Recht des Kindes auf Achtung, a.a.O.

Heydecker, Joe J., Das Warschauer Getto. dtv, München 1983.

Hrabar, Roman/Torkarz, Zofia/Wilczur, Jacek E., Kinder im Krieg – Krieg gegen Kinder. Geschichte der polnischen Kinder 1939-1945, Rowohlt, Reinbek 1981.

Karren, Tamara, Des Doktors Silhouette, in: *Dauzenroth, E./Hampel, A.,* Korczak, a.a.O.

Korczak, Janusz, Allein mit Gott – Gebete eines Menschen, der nicht betet, Gütersloher Verlagshaus, GTB Siebenstern, Gütersloh 1980.

– – – Begegnungen und Erfahrungen. Vandenhoeck und Ruprecht, Göttingen 1973 (2. Aufl.)

– – – Der Frühling und das Kind, in: Von Kindern und anderen Vorbildern, a.a.O.

– – – Die Einsamkeit des Alters, in: Begegnungen und Erfahrungen, a.a.O.

– – – Die Kinder der Bibel. Gütersloher Verlagshaus, GTB Siebenstern, Gütersloh 1982.

– – – Die Mojsches, Joscheks und andere Lausbuben, in: Wenn ich wieder klein bin, a.a.O.

– – – Die Regeln des Lebens, in: Das Recht des Kindes auf Achtung, a.a.O.

– – – Ein Gespräch im Englischen Garten, in: Von Kindern und anderen Vorbildern, a.a.O.

– – – Eine Schule für das Leben. Mit einer Einführung von *Hans Roos,* in: Begegnungen und Erfahrungen, a.a.O.

– – – Eine Unglückswoche, in: Das Recht des Kindes auf Achtung, a.a.O.

– – – Erinnerungen, in: Das Recht des Kindes auf Achtung, a.a.O.

– – – Fröhliche Pädagogik, in: Das Recht des Kindes auf Achtung, a.a.O.

– – – Kinder, sie sind ..., in : Verteidigt die Kinder, a.a.O.

– – – König Hänschen. Tl. 1: König Hänschen I., dtv. München 1978 (4. Aufl.); Tl. 2: König Hänschen auf der einsamen Insel, 1980.

– – – Meine Seele gähnt (aus »Das Salonkind«), in: Verteidigt die Kinder, a.a.O.

--- Radioplaudereien des Alten Doktors, in: Das Recht des Kindes auf Achtung, a.a.O.
--- Senat der Irren, in: *Dauzenroth, E./Hempel, A.* (Hrsg.), Janusz Korczak, a.a.O.
--- Unverschämt kurz, in: *Dauzenroth,E./Hempel, A.* (Hrsg.), Janusz Korczak, a.a.O.
--- Verteidigt die Kinder, Gütersloher Verlagshaus, GTB Siebenstern, Gütersloh 1978.
--- Von den Joscheks, Jascheks und Franeks, in: Wenn ich wieder klein bin, a.a.O.
--- Von Kindern und anderen Vorbildern, mit einem Vorwort von *Peter Härtling* und einer Einleitung von *E. Dauzenroth* und *Adolf Hempel.* Gütersloher Verlagshaus, Gütersloh 1979.
--- Wenn ich wieder klein bin, Vandenhoeck und Ruprecht, Göttingen 1973.
--- Wie man ein Kind lieben soll. Mit einer Einleitung von *Igor Newerly.* Vandenhoeck und Ruprecht, Göttingen 1979 (7. Aufl.)
--- Wladek. v. Kloede-Verlag, Berlin o.J.

Licharz, Werner (Hrsg.), Janusz Korczak in seiner und in unserer Zeit. Haag + Herchen Verlag, Arnoldshainer Texte Bd. 2, Frankfurt 1981.

Lifton, Betty Jean, Der König der Kinder. Das Leben von Janusz Korczak. Klett-Cotta-Verlag, Stuttgart 1990.

Markert, Werner (Hrsg.), Osteuropa-Handbuch. Polen. Böhlau Verlag, Köln-Graz 1959.

Newerly, Igor, Einleitung in: *Korczak, Janusz,* Wie man ein Kind lieben soll, a.a.O.

Norwid, Stefan Tadeusz, Martyrium eines Volkes, Stockholm 1945.

Pelzer Wolfgang, Janusz Korczak, rowohlts monographien 362, Rowohlt Taschenbuch Verlag, Reinbek bei Hamburg 1987.

Rella Cornacchia, Anna T., Janusz Korczak. Una vita per l'infanzia, Mailand 1983.

Roos, Hans, Janusz Korczak, Tradition, Umwelt und Zeitgeist, in: *Korczak, Janusz,* Das Recht des Kindes auf Achtung, a.a.O.

Stein, Leo, Die zwei Traditionen der deutschen Polenpolitik und die Revolution von 1905-1907 im Königreich Polen, Berlin 1961.

Zernack, Klaus, Die politisch-gesellschaftliche Situation Polens zur Zeit Janusz Korczaks, in:*Licharz, Werner* (Hrsg.), Janusz Korczak, a.a.O.

Bildnachweis

(13) aus: Günther Deschner, »Menschen im Ghetto«, Gütersloh 1969. Alle übrigen Fotos entstammen dem Korczak-Archiv Professor Dauzenroth, Gießen, dem der Verlag für die freundliche Genehmigung zum Abdruck dankt.

Janusz Korczak

König Hänschen auf der einsamen Insel

Mit einem Nachwort von Elisabeth Heimpel. Aus dem Polnischen übersetzt von Katja Weintraub, durchgesehen von Klaus Staemmler. 3. Auflage 1993. 186 Seiten mit 7 ganzseitigen farbigen Illustrationen von Jerzy Srokowski, Leinen. ISBN 3-525-39144-7

Wenn ich wieder klein bin

und andere Geschichten von Kindern. Aus dem Polnischen von Ilka Boll und Mieczyslaw Wójcicki. 1973. 386 Seiten, Leinen.
ISBN 3-525-31509-0

Wie man ein Kind lieben soll

Mit einer Einleitung von Igor Newerly. Herausgegeben von Elisabeth Heimpel und Hans Roos. Aus dem Polnischen von Armin Dross. 10. unveränderte Auflage 1992. XXXIV, 366 Seiten, kartoniert
ISBN 3-525-31510-4
Leinen. ISBN 3-525-31502-3

Das Recht des Kindes auf Achtung

Herausgegeben von Elisabeth Heimpel und Hans Roos. Aus dem Polnischen von Armin Dross. 5. Auflage 1994. 379 Seiten, kartoniert.
ISBN 3-525-31508-2
Leinen. ISBN 3-525-31503-1

Begegnungen und Erfahrungen

Kleine Essays. Aus dem Polnischen von Ruth Roos und Nina Kozlowski. (Kleine Vandenhoeck-Reihe 1372). 4., unveränderte Auflage 1991. 66 Seiten, kartoniert. ISBN 3-525-33332-3

Tagebuch aus dem Warschauer Ghetto 1942

Mit einem Vorwort von Friedhelm Beiner.
(Kleine Vandenhoeck-Reihe 1562). 1992.
119 Seiten mit 1 Abbildung, kartoniert.
(Der Text dieses Bandes ist auch in »Das Recht des Kindes auf Achtung« enthalten)
ISBN 3-525-33579-2